ANGAANGAQ | ANGELA BABEL

SCHAMANISCHE WEISHEIT
FÜR EIN GLÜCKLICHES LEBEN

21 kleine Zeremonien für den Alltag

INHALT

URALTE WEISHEIT FÜR MENSCHEN VON HEUTE | 4

DAS LEBEN FEIERN

Wie Zeremonien unseren Alltag verändern | 8
Warum Selbstliebe so wichtig ist | 11
Finde deinen Weg | 13

21 ZEREMONIEN FÜR DEN ALLTAG

VOM AUFSTEHEN | 18
Zeremonie für einen guten Tagesbeginn

VON DEN SCHÖNEN SEITEN DES LEBENS | 22
Zeremonie für die Glücksmomente des Tages

DAS LÄCHELN DES HERZENS | 26
Zeremonie zum Öffnen des Herzens

DAS LIED DES HERZENS | 30
Zeremonie für den eigenen Heilgesang

DAS GEBET DES HERZENS | 34
Zeremonie für die Begegnung mit dem Schöpfer und sich selbst

DEN EIGENEN ALTAR GESTALTEN | 38
Zeremonie für die Begegnung mit den Dingen des Lebens

SICH SELBST UMARMEN | 42
Zeremonie für den liebevollen Umgang mit sich selbst

VOM AUFGEHEN DER SONNE | 46
Zeremonie zur Feier der eigenen Schönheit

VON DER DANKBARKEIT | 50
Zeremonie für den achtsamen Umgang mit den Dingen des Lebens

DER ATEM DES LEBENS | 54
Zeremonie, um etwas zum Leben zu erwecken

DAS RÄUCHERN | 58
Zeremonie zur Reinigung, Klärung und Einstimmung

DIE SCHAMANISCHE MEDITATION | 62
Zeremonie zur Fokussierung, Konzentration und Klärung

DIE SCHAMANISCHE ATEMMEDITATION | 66
Zeremonie zum Loslassen

DAS SCHAMANISCHE SCHÜTTELN | 70
Zeremonie zum Verändern der Energie

DAS HEILIGE FEUER | 74
Zeremonie zur Klärung und zum Loslassen

DIE TROMMEL DES HERZENS | 78
Zeremonie für die Begegnung mit den eigenen Gefühlen

DIE SCHAMANISCHE WANDERUNG | 82
Zeremonie für die Begegnung mit sich selbst

VOM MOND | 86
Zeremonie zur Auseinandersetzung mit den eigenen Licht- und Schattenseiten

VOM GESCHICHTENERZÄHLEN | 90
Zeremonie für die persönliche Geschichte

DIE TRÄNEN VERBRENNEN | 94
Zeremonie für einen Neubeginn

VOM SCHLAFENGEHEN | 98
Zeremonie für einen guten Tagesabschluss

DAS ABENTEUER LEBEN | 102

ZUM NACHSCHLAGEN | 104
Die Zeremonien nach Themenbereichen | 104
Bücher und Adressen, die weiterhelfen | 106
Die Autoren | 107

VORWORT

URALTE WEISHEIT FÜR MENSCHEN VON HEUTE

Liebe Leserin, lieber Leser,
wir kennen uns nicht, aber ich freue mich, dass unsere Wege hier aufeinandertreffen und wir die Gelegenheit haben, ein Stück gemeinsam zu gehen. Das Buch habe ich für dich geschrieben. Ja, du liest richtig: für dich. Ich habe mir gewünscht, mit dir in Verbindung zu treten und mit dir über Dinge zu sprechen, die sehr wichtig sind.

Vielleicht fragst du dich jetzt, was du und ich zu besprechen hätten. Nun, es gibt einige Themen, die alle Teil deines und meines Lebens sind. Da wäre beispielsweise Stress. Oder denke nur an die ganz alltäglichen Situationen, die manchmal gar nicht so einfach zu bewältigen sind.

Mir geht es da nicht anders als dir. Die Herausforderungen des Lebens machen vor Schamanen nicht halt. Ich erlebe auf meinem Weg Zeiten, die freudvoll und glücklich sind, und dann wieder gibt es Momente, in denen ich meine ganze Energie brauche, um kraftvoll aus meiner Mitte heraus zu handeln. Kennst du das auch? Manchmal glaubst du, es wäre leichter nachzugeben, statt zu dir zu stehen. Aber da täuschst du dich. Alles kommt stets zu dir zurück, und langfristig ziehst du den Kürzeren, weil du dich verlierst. Ich habe auch recht schnell gelernt, dass das Leben ein ständiger Veränderungsprozess ist. Was nicht wächst und sich verändert, erstarrt und stirbt langsam, aber sicher.

Was also tun? Verweigern, halbherziges Handeln, wegschauen oder, wie wir bei mir zu Hause in Grönland sagen würden, den Kopf in den Schnee stecken? Oder aber mit dem Leben gehen, sich stellen, wachsen und stärker werden? Ich habe unzählige Lernprozesse durchlaufen – und

tue es auch heute noch. Schmerzhafte und weniger schmerzhafte, Wut, Trauer, Liebe, Freude: das ganze Spektrum. Wenn man seiner Bestimmung folgen will, kann man irgendwann nicht mehr weglaufen. Ich habe mich für Authentizität entschieden. Natürlich ist das eine Herausforderung, denn es bedeutet Mut zur Auseinandersetzung mit sich selbst und mit anderen. Und nicht zu vergessen die Liebe und die Fähigkeit, in allem das Schöne zu sehen.

Ganz wesentlich bei alldem waren die Zeremonien meiner Vorfahren, von denen ich dir in diesem Buch erzähle. *Es sind Überlieferungen vieler Generationen, alte Weisheiten.* Sie haben mir geholfen, aufmerksam und präsent zu sein, meinen Blick für Menschen und Situationen zu schärfen. Ich war nicht mehr so verstrickt, konnte souveräner handeln, und das wiederum stärkte zunehmend mein Selbstbewusstsein – das meine ich durchaus im wörtlichen Sinn: Bewusstsein von mir selbst – und mein Vertrauen in mich. Ich wurde gelassener und konnte nun auch guten Gewissens Nein sagen. Vielleicht weißt du ja, wie das ist: Eins führt zum anderen.

Ich möchte diese Zeremonien heute mit dir teilen. Du findest sie ab Seite 18. Mit Achtsamkeit, Absicht und Respekt durchgeführt, werden sie dich dabei unterstützen, deinen Weg Tag für Tag aufrecht und kraftvoll zu gehen – in deiner eigenen Schönheit und Größe.

Ich will mich an jedem Tag an das erinnern, was meine Großmutter so oft sagte: *Das Leben selbst ist eine Zeremonie – wert, mit einer Zeremonie gefeiert zu werden.* Und vielleicht teilst du mir eines Tages mit, wie sie dir geholfen haben. Ich würde mich freuen.

Angaangaq Angakkorsuaq – Der Mann, der aussieht wie sein Onkel

Danke – Qujanaq

DAS LEBEN FEIERN

DAS LEBEN FEIERN

WIE ZEREMONIEN UNSEREN ALLTAG VERÄNDERN

Hast du dir schon einmal überlegt, aus wie vielen Routinen dein Leben besteht? Wie viele Dinge tust du während des Tages, ohne dir Gedanken darüber zu machen, ohne wirklich achtsam bei der Sache zu sein? Hältst du alles für selbstverständlich, was du leistest? Oder freust du dich über dich und schenkst dir und deinem Tun in jedem Moment deine volle Aufmerksamkeit und Anerkennung?

Warum frage ich dich das? Ich glaube, es ist eine der größten Herausforderungen für uns Menschen, unser Leben wirklich zu leben. Die Schönheit in allem zu sehen, was uns umgibt. Freude zu spüren, Freude zuzulassen – über uns selbst, über andere, über das Leben an sich.

Ich bin nicht anders als du, nur weil ich ein Eskimo vom Stamm der Kalaallit oder ein Schamane bin. Auch in meinem Leben gibt es Höhen und Tiefen. Ich erlebe genauso Momente der Freude und der Liebe wie solche des Kummers und der Sorgen. Allerdings hatte ich das Glück, dass meine Großmutter Aanakasaa und meine Mutter Aanaa Aanaqqii mich gelehrt haben, die vielen schönen Dinge in meinem Leben wahrzunehmen und all die kleinen und großen Begebenheiten zu würdigen und zu feiern. Die Zeremonien, die mich seit meiner Kindheit begleiten und die ich heute mit dir teilen möchte, sollen dich in deinem Leben unterstützen. Sie heilen, wo es etwas zu heilen gibt, sie bringen Freude, Leichtigkeit, Kraft, Selbstbewusstsein und Mut – jede auf ihre Weise und wenn man sie regelmäßig anwendet.

Mit Schamanen und Ältesten aus aller Welt beteten wir in Grönland am heiligen Feuer dafür, dass das Eis in den Herzen der Menschen schmelzen möge.

Ich erinnere mich noch gut an den Moment, als mein kleiner Bruder seinen ersten Fisch fing. Das ganze Dorf – wir waren damals ungefähr fünfzig Menschen – kam zusammen. Ein jeder bewunderte den Fisch, erhielt ein kleines Stück von dem Fang, und alle beglückwünschten und feierten meinen kleinen Bruder. Die ganze Familie war stolz auf ihn. Daran erinnert man sich zeit seines Lebens. Dieser Fisch meines Bruders steht hier nur als Beispiel für die unzähligen großen und kleinen Begebenheiten in unserem Leben, die wir mit Achtsamkeit und Anerkennung wertschätzen können, indem wir sie mit einer Zeremonie würdigen.

Wie meine Mutter Aanaa Aanaqqii, die grönländische Heilerin: Jeden Nachmittag entzündete sie ihre Gebetskerze. Jedes Mal für jemand anderen, aber immer war es der gleiche Ablauf: Fast feierlich steckte sie ein Streichholz an, hielt es vorsichtig an den Docht und wartete geduldig, bis

die Flamme übersprang. Dann löschte sie das Streichholz und legte es umsichtig in den vorgesehenen Behälter. Jedes Mal bedachte sie die Kerze mit liebevollen Blicken, und mir erschien es, als halte sie Zwiesprache mit ihr. Mehr als 65 Jahre lang praktizierte sie es so, Tag für Tag. Und in all den Jahren, in denen ich sie dabei beobachtete, tat sie es niemals beiläufig oder unachtsam. Jedes Mal widmete sie ihrem Tun die volle Aufmerksamkeit. Und mit der Zeit verstand ich, dass es dadurch zum Leben erweckt und zu einer Zeremonie wurde.

So hat sie es mich gelehrt. Und durch sie habe ich mit der Zeit verstanden, was unsere Alten meinten, wenn sie uns ermutigten, jeden einzelnen Augenblick lebendig werden zu lassen durch liebevolles Achtsamsein. Meine Großmutter Aanakasaa sagte immer wieder: *Beobachte und sei achtsam, was draußen geschieht – in dir drin.*

Dann haben Abgestumpftheit, Freudlosigkeit und Leere in unserem Leben keinen Platz mehr. Stell dir vor, wie es wäre, wenn ausschließlich Achtsamkeit und Wertschätzung deinen Alltag bestimmten! Und wenn mehr und mehr Menschen davon erfasst würden! Weder Zerstörung noch Kriege hätten so eine Chance. Freude und Frieden könnten in uns lebendig werden, Schönheit, Kraft und Stärke eines jeden zum Vorschein kommen. Welch eine Vision!

Ich spreche bewusst von den Zeremonien des Alltags. Eine Zeremonie ist ja eigentlich etwas ganz Besonderes, etwas Feierliches. Sie hat etwas Heiliges. Meine Großmutter sagte: *Wenn die Zeremonie ihren Spirit verliert, wird sie zum Ritual, und die heutige Welt ist voll von Ritualen.* Rituale sind also Zeremonien, deren Spirit gestorben ist. Es sind Handlungen, die zur Routine geworden sind. Ich will meinen Alltag mit Freude und Schönheit füllen, jeden neuen Tag ehren und feiern und aus meinem Leben eine einzige Zeremonie machen. Und dazu möchte ich dich mit den Zeremonien für den Alltag einladen – damit dein Leben keine Routine wird.

WARUM SELBSTLIEBE SO WICHTIG IST

Warum bin ich nicht so attraktiv wie George Clooney und so groß und stark wie Arnold Schwarzenegger? Hat sich der Schöpfer geirrt, als ich an der Reihe war? Was, wenn ich, um kräftiger zu werden und besser auszusehen, fünfmal die Woche im Fitnessstudio trainieren würde? Ein Ergebnis ist sicher: Ich hätte nicht mehr so viel Zeit für schamanische Heilungen.

Geht dir das auch manchmal so, dass du denkst, du müsstest klüger, schöner, schlanker sein? Dass die anderen intelligenter, attraktiver und erfolgreicher sind? Und natürlich viel liebenswerter? Ich finde es immer wieder faszinierend, mit welchen Augen wir uns selbst betrachten. Wie unerbittlich wir oft mit uns sind. Dass wir andere trösten, wo wir uns selbst für die gleiche Sache verurteilen. Dass wir uns in unserem Kopf anklagen und richten, jedoch fast nie selbst verteidigen. Hast du dich schon einmal bei dir selbst dafür bedankt, dass du den ganzen Tag hart für dich und dein Leben arbeitest? Dass du dich auf Trab hältst und täglich neu organisierst? Du allein begleitest dich selbst vom ersten bis zum letzten Atemzug durch alle Lebenssituationen. Niemand kennt deine Höhen und Tiefen so gut wie du. Mit keinem anderen führst du so viele Zwiegespräche, warst du je so innig. Und mit niemandem wahrscheinlich je so kritisch.

Seit mehr als vierzig Jahren reise ich durch die Kontinente und habe nie erlebt, dass Hass Liebe erzeugt, dass Beschimpfungen und Krieg zu Frieden führen. Und das ist bei uns Einzelnen nicht anders. Wie willst du aufrecht und kraftvoll durch deine Welt gehen, wenn du nicht bedingungslos zu dir stehst? Wer soll dir etwas zutrauen, wenn du dir selbst nicht über den Weg traust? Wer soll an dich glauben, wenn nicht du? Das ist schlüssig, oder? Und genau das ist der Grund, warum ich die Zeremonien meiner

DAS LEBEN FEIERN

Auf einem Stein im grönländischen Lake Ferguson, fernab jeglicher Zivilisation.

Vorfahren mit dir teilen möchte: Sie sollen dir Hilfestellung sein, das zu werden, was du wirklich bist. Sie sollen dich stützen, dich stärken und dir helfen, deinen Weg unerschrocken, aufrecht und mutig zu gehen.

Der Schöpfer irrt sich nicht. Es gibt Menschen, die künstlerisch, andere, die besonders praktisch veranlagt sind, und wieder andere, deren Stärke das analytische Denken ist. Manche sind sehr sportlich, andere können wunderbar mit Tieren umgehen, und dann gibt es solche, die außergewöhnlich musikalisch sind. Wir brauchen diese Vielfalt der Menschen. Jeder von uns hat seine Talente und seine Bestimmung. Und die zu leben sind wir aufgefordert. Statt auf das zu schielen, was ein anderer besser kann, sollten wir uns auf die eigenen Fähigkeiten konzentrieren. So wie der Eisbär nicht fliegen kann, weil er kein Seeadler ist, und die Robbe nicht über Land läuft, weil sie kein Moschusochse ist. Was also kannst du gut? Was geht dir leicht von der Hand? Woran hast du Freude? Meine Großmutter Aanakasaa sagte: *Geh mit dem, was du denkst und fühlst.*

Öffne dein Herz für dich. Sei ab heute der beziehungsweise die Erste in deinem Leben. Lass das Eis in deinem Herzen schmelzen. Die Zeremonien in diesem Buch werden dich dabei unterstützen, das zu leben, was du bist. Dann strahlst du leuchtend schön. Dann lebst du deine eigene Schönheit – so, wie der Schöpfer dich gemeint hat.

FINDE DEINEN WEG

Die Alten sagen: *Der Grund, warum wir auf Erden sind, ist, uns selbst kennenzulernen – um schließlich IHN erkennen zu können.* Und meine Aufgabe als Schamane ist es, dich dabei zu begleiten, wenn du dir selbst begegnest und dich weiterentwickelst. Dir die Hand zu reichen, damit du hinabsteigen kannst zu deinem inneren Selbst, damit du deine Grenzen erkennen und überwinden kannst. Mein Vater Aataa Aataqqii sagte immer: *Am schwierigsten zu lernen ist es, das zu verlernen, was wir schon wissen.* Und er hat recht.

Um dich selbst zu lieben, musst du dein Herz öffnen, dich kennenlernen und deine eigene Schönheit entdecken. Du bist komplexer und größer als der Himmel, denn du bist das Ebenbild des Schöpfers. Du bist schön, strahlend und kraftvoll.

Feiere dich und dein Leben mit Zeremonien, setze dem erstarrten und faden, immer wiederkehrenden Kreislauf von Aufstehen/Job/Schlafen ein Ende. Entdecke deine Schönheit, deine Lebensfreude, die Vielfalt deiner Möglichkeiten, deine Kraft, deine Lebendigkeit. Und lebe sie – in jeder Minute deines Lebens.

Das Wesen einer Zeremonie ist die Begegnung mit sich selbst. Es geht nicht darum, eine besondere Heiligkeit an den Tag zu legen, sondern es geht um Achtsamkeit, Respekt und Dankbarkeit für dich selbst. Es geht darum, das Herz zu öffnen, nicht darum, sich besser, wichtiger oder heiliger zu fühlen als die anderen. Ich bin Schamane und gebe mein Bestes, was nicht heißt, dass ich der Beste bin. Ich tue es einfach für das höchste Gut.

Meine Großmutter Aanakasaa sagte immer: *Meine Weise ist nicht die einzige Weise. Ich möchte nicht, dass du mich nachmachst. Wenn du jemandem folgst, siehst du nur den Rücken. Du siehst nicht, was der andere sieht.*

Bei dieser Vollmondzeremonie zeigte sich auch die Mitternachtssonne.

Der andere wird irgendwann stolpern und hinfallen, und dann siehst du Dinge, die du nicht kennst. Folge also nicht jemandem, nur weil du meinst, du müsstest es ihm nachtun. Oder weil du glaubst, es gäbe keine andere Möglichkeit. Kreiere deinen eigenen Weg.

So ist es auch mit den Zeremonien: Jede der hier aufgeführten Zeremonien gibt dir eine genaue Anleitung. Ich beschreibe dir, wie ich es tue. Für den Anfang ist das eine gute Hilfestellung. Wenn du mehr Erfahrung hast, kannst du die Zeremonien nach und nach ausweiten und sie so gestalten, wie sie zu dir und deinem Alltag passen. Und vielleicht dienen sie dir eines Tages als Anstoß, deine eigenen Zeremonien zu entwickeln. Öffne dein Herz – mehr braucht es nicht. Denn was du mit dem Herzen tust, wird heilig, es wird zu einer Zeremonie.

FINDE DEINEN WEG

MIT DEM RHYTHMUS DER NATUR

Als Schamane bin ich sehr verbunden mit den Rhythmen der Natur und weiß, dass meine Vorhaben zu bestimmten Zeiten positiv durch sie beeinflusst werden. Also achte ich darauf, soweit es mir in meinem Alltag möglich ist, bestimmte Dinge zu bestimmten Zeiten anzugehen.

Alle Zeremonien in diesem Buch werden dich natürlich zu jeder Zeit unterstützen, deine eigene Mitte zu finden, alte Gewohnheiten und Muster loszulassen sowie Neuanfänge zu wagen. Dennoch kann man sagen, dass der zunehmende Mond und der Vollmond bei Zeremonien, die dich nähren, verstärkend wirken. Hingegen werden Zeremonien, die dir helfen loszulassen, durch den abnehmenden Mond und den Neumond unterstützt. Falls du also die Gelegenheit hast: Probiere es einfach aus! Vielleicht ist es für deine Erfahrungen von Bedeutung. Natürlich können auch die Jahreszeiten eine Rolle spielen.

Mit und ohne Mond oder Jahreszeit werden die Zeremonien dir zu neuen Erkenntnissen verhelfen und dich in Prozessen der Veränderung und Weiterentwicklung stärken. Mit fortschreitender Praxis und Erfahrung wirst du deine Stimmungen bewusster wahrnehmen, zu mehr Ruhe und Entspannung finden, Herausforderungen gelassener begegnen. Du wirst liebevoller und nachsichtiger mit dir selbst und mit anderen sein, was dir zu herzlicheren Beziehungen auf deinem Lebensweg verhelfen wird. Stell dir einfach dein ganz persönliches Programm zusammen. Du wirst schon bald merken, was dir guttut.

VOM AUFSTEHEN

DIESE ZEREMONIE HILFT DIR:
die Herausforderungen des Tages mit Freude zu bestehen
DER RICHTIGE ZEITPUNKT:
morgens im Bett, vor dem Aufstehen
SO VIEL ZEIT BRAUCHST DU: 5 bis 10 Minuten
DAS BENÖTIGST DU: einen liebevollen Weckruf

VOM AUFSTEHEN

Hast du schon einmal erlebt, wie es ist, wenn alles am Morgen erwacht? Diese ganz besondere Stimmung, gerade so, als weckte der Schöpfer höchstpersönlich auf eine unendlich zärtliche Weise den neuen Tag. Gleich einem großen Mantel aus Liebe, der alles umhüllt, so weich ist die Luft, und eine friedliche Stille liegt über allem. Ganz langsam beginnt sich der Morgen zu räkeln: Die ersten Vögel zwitschern, zunächst noch leise, um dann immer lauter einzustimmen in das gemeinsame Konzert. Und in unserem arktischen Sommer schickt die Sonne ihren rötlichen Schimmer in besonders beeindruckender Weise voraus, wie eine Ankündigung: Gleich ist es so weit. Fast wie bei einem Schauspiel auf der Bühne, wo du den Atem anhältst in Erwartung des großen Stars.

Hier und da raschelt es zwischen Gräsern und Büschen: Schneehasen und Polarfüchse zeigen sich – in deinem Land sind es Eichhörnchen, Hasen und Kaninchen. Am Himmel ziehen Vögel ihre Kreise. Die Pflanzen in ihrem Morgenmantel aus Tau bereiten sich vor, um gleich in den ersten Strahlen der Sonne wie kostbare Kristalle zu glitzern. Jetzt dauert es nicht mehr lange, alles ist gerüstet, wartet auf ihr Erscheinen ... und dann ist sie da: die Sonne mit ihren kraftvollen und Leben spendenden Strahlen. Das große Eis wird zu einem Teppich aus funkelnden Diamanten, dessen Schönheit einem schier den Atem verschlägt. Das sind Bilder, die du nie vergisst.

Solch großartige Schauspiele hält die Natur für uns bereit, Tag für Tag, immer wieder von Neuem. Und auch wenn es in meiner Welt lange Zeiten der Dunkelheit gibt oder bei euch der Himmel oft mit Wolken verhangen ist, es regnet oder schneit: Die Kulisse ist lediglich eine andere, und die Darsteller tragen andere Gewänder, aber täglich tanzen sie den Tanz des Lebens mit aller Kraft.

Ich habe früh verstanden, dass es wichtig ist, die Dinge mit dem Herzen und voller Kraft zu tun – genauso wie die Natur es uns vormacht.

Meine Großmutter Aanakasaa sagte immer: *Du entscheidest bei jedem Atemzug, wie du dich fühlen möchtest.*

    Und so habe ich mich entschieden, jeden Tag mit Freude zu begrüßen und an jedem Tag mein Bestes zu geben. Ich habe für mich beschlossen, alle Unwägbarkeiten als Herausforderungen zu sehen, als eine Chance, mich weiterzuentwickeln, mich auszuprobieren. Und so gehe ich einfach mit dem Leben, bin gespannt, was jeder Tag an neuen und interessanten Dingen für mich bereithält, und gebe alles, was ich geben kann – vollen Einsatz sozusagen. Ich denke auch nicht darüber nach, ob lieber die Sonne scheinen oder es doch besser regnen sollte. Ich überlege auch nicht im Vorhinein, dass ich noch tausenderlei Dinge zu erledigen habe. Stattdessen konzentriere ich mich jeweils auf das, was ist. Wenn ich im Bett liege, liege ich im Bett – da hat das Büro keinen Platz. Und wenn ich Arbeit A erledige, dann erledige ich A und denke nicht über B nach. Das tue ich, wenn es so weit ist. Und so bin ich in völliger Achtsamkeit im Hier und Jetzt, nämlich immer im jeweiligen Moment. Nicht früher, nicht später, nicht morgen, nicht gestern.

ZEREMONIE FÜR EINEN GUTEN TAGESBEGINN

Es ist ganz einfach, mach es wie die Natur. Lass dich liebevoll wecken – vielleicht mit Vogelgezwitscher, Musik oder durch einen lieben Menschen. Nimm dir noch einen Moment, bevor du dich ganz ausgiebig räkelst, deinen ganzen Körper streckst und dehnst: Arme, Beine, Füße, Finger, Hände, den Rücken. Gähne nach Herzenslust und dann umarme dich. Ja, du hast richtig gelesen: Umarme dich. Lege beide Arme wie zwei Flügel um dich herum, fühle dich, streichle dich mit deinen Händen. Koste diese Umarmung richtig aus. Sage dir, wie schön es ist, dass du da bist, dass es dich gibt.

VOM AUFSTEHEN

Begrüße den neuen Tag: Sprich mit ihm und teile ihm mit, dass du bereit bist für alle Herausforderungen. Dass du den Mut hast, dich ihnen zu stellen, und dass du dein Bestes geben wirst. Dass deine Kraft und Stärke dich durch den Tag begleiten. Sage es auf deine Art, mit deinen Worten. So tue ich es. Und dann danke ich dem Schöpfer für sein Vertrauen in mich, dass ich diese Herausforderungen bewältigen kann. Denn ich weiß, dass du und ich niemals Aufgaben bekommen, denen wir nicht gewachsen sind. Jetzt bin ich bereit für den neuen Tag, für den Tanz des Lebens.

DAS BRINGT DIESE ZEREMONIE IN DEIN LEBEN

Du wirst dich mit immer mehr Freude auf einen neuen Tag einlassen können. Mit der Zeit wirst du schon am Morgen in deine Kraft kommen und dadurch in der Lage sein, entschlossen und gestärkt mit den Herausforderungen des Tages zu gehen, anstatt dich gegen sie zu stellen oder dich von ihnen zermürben zu lassen. Du wirst die Dinge mit mehr Leichtigkeit angehen, und deine Lebensfreude kann wachsen.

VON DEN SCHÖNEN SEITEN DES LEBENS

DIESE ZEREMONIE HILFT DIR: deinen Tag bewusster wahrzunehmen und glücklicher zu gestalten
DER RICHTIGE ZEITPUNKT: am Ende des Tages
SO VIEL ZEIT BRAUCHST DU: 10 bis 15 Minuten
DAS BENÖTIGST DU: Steine, Nüsse, Eicheln, Murmeln oder andere kleine Gegenstände

VON DEN SCHÖNEN SEITEN DES LEBENS

Manchmal sind meine Tage so vollgepackt, dass ich kaum Zeit zum Atmen finde. Das ist natürlich nicht wirklich so, aber zumindest habe ich in manchen Momenten diesen Eindruck. Die Dinge gehen mir nicht mehr so leicht von der Hand, alles bekommt eine gewisse Schwere und Zähigkeit. Ich frage mich dann, wo die Leichtigkeit und die Freude geblieben sind. Hast du das auch manchmal? Dass du dich fragst, wieso gerade du so viel um die Ohren hast? Und dass die anderen scheinbar alles viel leichter bewältigen? Auf einmal ist es, als hätte man eine Brille auf der Nase, die alles in einfarbiges Licht taucht. Kurios, nicht wahr? Und statt die Brille abzusetzen, also einen Sichtwechsel vorzunehmen, schauen wir noch angestrengter durch die Brille in der Hoffnung, dass sich das Bild ändert. Aber: Je mehr Energie wir in etwas hineingeben, desto mehr verstärkt sich alles. Das funktioniert natürlich in beide Richtungen: Lege ich meine Energie in angenehme, erfreuliche Gedanken, so verstärken sie sich. Genauso ist es, wenn ich den schweren oder traurigen Gedanken Nahrung gebe.

Bei uns in Grönland dauert der Winter sieben Monate. Sieben Monate lang sehen wir die Sonne kaum. Kannst du dir das vorstellen? Wenn du dann ständig die Brille aufhast, die nur die Dunkelheit sieht, bist du schlecht dran, denn du öffnest der Schwere Tür und Tor. Und ich danke dem Schöpfer, dass meine Mutter Aanaa Aanaqqii mich von Kindesbeinen an die Zeremonie für die Glücksmomente des Tages lehrte. Ich war ein kleiner Junge, als sie uns Kinder eines Abends fragte: *Was habt ihr heute Schönes erlebt?* Ich antwortete, wie ich es üblicherweise tat, erzählte alles und jedes. Sie aber beharrte darauf, nur die schönen Dinge wissen zu wollen. Darauf konnte ich zunächst keine Antwort geben. Ich versuchte mit allen Mitteln, mir die Einzelheiten des Tages ins Gedächtnis zu rufen. Und da brachte uns meine Mutter diese Zeremonie bei.

ZEREMONIE FÜR DIE GLÜCKSMOMENTE DES TAGES

Bei uns in Grönland haben wir kleine Steinchen, Knochen von Karibus, Moschusochsen oder Robben genommen oder getrocknete Blaubeeren, weil es nichts anderes gab. Du bist natürlich frei zu wählen, was immer dir für deine Glücksmomente passend erscheint: Murmeln, Eicheln, Nüsse, Kastanien, Bonbons, Münzen, Knöpfe …

Am einfachsten ist es, wenn du dir eine Hosen- oder Jackentasche aussuchst, in der du deine Steinchen oder Nüsse mit dir führst: Du befüllst also beispielsweise am Morgen deine rechte Tasche mit einer Handvoll kleiner Steinchen. Für jeden schönen, freudigen, glücklichen oder liebevollen Moment, den du im Laufe des Tages erlebst, nimmst du einen Kiesel aus der rechten Tasche und steckst ihn in die linke. Am Ende des Tages, an einem ungestörten Ort gemütlich sitzend, breitest du die Kiesel vor dir aus, die du links gesammelt hast. Erinnere dich an jeden einzelnen dieser wunderbaren Momente, erfreue dich noch einmal an ihnen, an ihrer ganzen Schönheit und Fülle. Wenn du Steinchen genommen hast, sammle sie doch in einer schönen Schale. Schon in kurzer Zeit wirst du erleben, wie schnell der Glücksberg anwächst! Hast du Nüsse oder Bonbons gewählt, kannst du dir die glücklichen Momente natürlich noch sprichwörtlich auf der Zunge zergehen lassen oder andere Menschen damit beschenken.

Sei ruhig erfinderisch! Wenn du zum Beispiel lernen möchtest, mehr für andere Menschen zu tun, dann kannst du dir für jede Unterstützung, die du gibst, ein Steinchen gutschreiben, am Abend Bilanz ziehen und dich bei dir selbst dafür bedanken, dass du das geleistet hast. Oder nehmen wir einmal an, du möchtest lernen, Nein zu sagen. Dann bekommt jedes Nein des Tages ein Steinchen. Willst du aufhören zu rauchen? Dann beschenke dich mit einem Steinchen für jeden Verzicht.

VON DEN SCHÖNEN SEITEN DES LEBENS

DAS BRINGT DIESE ZEREMONIE IN DEIN LEBEN

Wenn du mit dieser Zeremonie beginnst und sie achtsam und regelmäßig ausführst, wirst du schnell merken, dass du deinen Tag bewusster wahrnimmst und zunehmend auch kleine Begebenheiten neu zu schätzen weißt. Langfristig wirst du spürbar erleben, dass jeder Tag viele glückliche Momente für dich bereithält, der Blick auf dein Leben wird positiver, und du kannst schneller aus einem Tief herauskommen. Die Alten sagen: *Es ist immer so viel einfacher, seine Gedanken auf unangenehme Dinge zu richten als auf die Dinge, die uns erfreuen.* Ich kenne Menschen, die mit dieser Zeremonie aktiv gegen ihre depressive Verstimmung angegangen sind.

Nutzt du diese Zeremonie für mehr Hilfsbereitschaft, dann wirst du feststellen, dass dir viel öfter auffällt, dass deine Unterstützung gebraucht wird, dass du in der Lage bist, sie zu geben, und dass du damit anderen eine echte Freude bereitest. Auch das wird sich positiv auf deine Stimmung auswirken.

DAS LÄCHELN DES HERZENS

DIESE ZEREMONIE HILFT DIR: das Lächeln verstärkt in dein Leben zu bringen, zunehmend innere Heiterkeit und Freude zu verspüren und auszustrahlen sowie die Dinge leichter zu nehmen
DER RICHTIGE ZEITPUNKT: jederzeit
SO VIEL ZEIT BRAUCHST DU: ungefähr 10 Minuten
DAS BENÖTIGST DU: einen Ort, an dem du für dich bist

DAS LÄCHELN DES HERZENS

Als junger Mann wurde ich eingeladen, in New York vor der UNO zu sprechen und auf das Schmelzen des Eises in meiner Heimat Grönland aufmerksam zu machen. Eine Situation, die uns sehr besorgte – damals wie heute. Nun stand ich also in New York vor all den wichtigen Männern und Frauen und berichtete darüber, wie 1963 Jäger entdeckt hatten, dass aus dem großen Eis Wasser tropfte – bei minus 40 Grad. Und welche Konsequenzen die Eisschmelze für uns alle haben würde: für die Grönländer, für Europa und für die ganze Welt. Die Zeitungen waren voll mit Bildern über mich, den jungen Eskimo aus Grönland. Mit stolzgeschwellter Brust fuhr ich nach Hause.

Die Stammesältesten erwarteten mich schon, und ich berichtete alles bis ins kleinste Detail. Mein Vater Aataa Aataqqii unterbrach mich und fragte: „Und, mein Sohn, haben sie dich gehört?" Ich antwortete: „Sie sind alle aufgestanden und haben applaudiert." Ich fuhr mit meinem Bericht fort. Mein Vater aber unterbrach mich wiederum und fragte: „Aber, Sohn, haben sie dich gehört?" Und in diesem Moment realisierte ich, dass mein Vater wissen wollte, ob meine Zuhörer die Botschaft verstanden hatten.

Jahre später, nach hunderten von Vorträgen und Interviews in vielen Ländern, kam ich eines Tages wieder nach Hause. Ich beklagte mich bei meiner Mutter darüber, dass niemand die Botschaft zu hören schien, niemand sich zu ändern schien. Und ich fragte sie, was ich denn tun müsse. Sie antwortete: *Sohn, du musst lernen, das Eis in den Herzen der Menschen zu schmelzen. Nur indem wir das Eis in den Herzen der Menschen schmelzen, hat der Mensch die Möglichkeit, sich zu ändern, und kann beginnen, sein Wissen weise anzuwenden.*

Und das war der Moment, in dem ich mich entschied, mit dem Herzen zu arbeiten und das Eis in den Herzen der Menschen zu schmelzen, von dem die Alten sagen, dass es größer sei als das Eis in der Arktis. Das Eis, das nicht mehr fühlen lässt, das gleichgültig macht.

Wie oft schiebst du Gefühle einfach beiseite – Mitgefühl, Verständnis, Freundlichkeit?! Keine Zeit. Viel wichtiger ist es zu funktionieren, alles in vorbestimmten, kurzen Zeiteinheiten zu erledigen. Hauptsache schnell. Freude, Lachen, Ausgelassenheit? Nicht jetzt, dazu ist später noch Zeit. Und auf der Strecke bleibt unser Herz, das sich mit der Zeit mehr und mehr verschließt.

Es geht leider nicht anders, so sagen wir – aber das stimmt nicht! Du kannst etwas dagegen tun. Entscheide dich für den Weg des Herzens, so wie ich. Vielleicht ist es am Anfang nicht ganz einfach, aber es ist auch nicht kompliziert. Und wenn du dein Herz öffnest, wirst du dir begegnen, du wirst dich erleben und du wirst beginnen, deine Schönheit wahrzunehmen und dich selbst zu lieben. Und dann wirst du bereit sein für die wirkliche Liebe zu anderen.

ZEREMONIE ZUM ÖFFNEN DES HERZENS

Beginne mit dem Lächeln des Herzens. Ich lernte es von meiner Mutter Aanaa Aanaqqii. Sie sagte: *Schließe die Augen für diese Welt und öffne dein Herz.* Ich fragte sie, wie das denn gehe. Sie sagte: *Es ist ganz einfach – schau her.* Dann schloss sie die Augen für die Welt um sich herum und öffnete ihr Herz. Ich konnte nichts sehen, äußerlich hatte sich nichts verändert. Aber sie sagte: *Gehe mit deiner Aufmerksamkeit zu deinem Herzen und spüre, ob du es fühlst. Dann öffne es innerlich, vielleicht so, wie du ein großes Tor öffnest. Und das, was du dort fühlst, das bist du.* Und so mache ich es noch heute – immer wieder.

Nimm also Platz an einem ruhigen Ort, dort, wo du dich wohlfühlst und nicht gestört wirst. Vielleicht sitzt du aufrecht in deinem Lieblingssessel oder legst dich hin: Mache es so, wie es für dich richtig ist.

DAS LÄCHELN DES HERZENS

Und dann schließe die Augen für diese Welt und geh mit deiner ganzen Aufmerksamkeit zu deinem Herzen. Nimm es wahr, spüre es. Lass dir Zeit. Du kannst das auch unterstützen, indem du deine Hand aufs Herz legst. Und dann öffne es innerlich, so wie du ein großes Tor öffnest. Und spüre allem nach. Vielleicht ist es am Anfang nur ein klitzekleines Gefühl – aber sei sicher: So, wie es ist, ist es in Ordnung. Ich bin Schamane und lerne ein Leben lang. Alles braucht seine Zeit, mal mehr, mal weniger. Es gibt kein Richtig oder Falsch. Sei mutig, öffne dein Herz und dann lass daraus ein Lächeln erwachsen, egal wie es aussieht, ob schief, zart, klein oder groß. Lass deinem Lächeln die Freiheit, so zu sein, wie es möchte. Spüre es und nimm es mit in deinen Tag.

DAS BRINGT DIESE ZEREMONIE IN DEIN LEBEN

Alles, was du aussendest, kommt tausendfach zu dir zurück. So auch bei dieser Zeremonie. Mit dem Lächeln deines Herzens wird auch das Lächeln anderer Menschen immer selbstverständlicher zu dir finden. Dadurch wird dein Leben bereichert, und du wirst mehr Freude verspüren. Überhaupt wird dir das Lächeln zunehmend leichter fallen. Bemerkst du, was für ein Kreislauf da in Bewegung kommt? Allerdings nur, wenn du es regelmäßig praktizierst.

DAS LIED DES HERZENS

DIESE ZEREMONIE HILFT DIR: wahrhaftig zu sein und zu dir zu finden
DER RICHTIGE ZEITPUNKT: wann immer dir danach ist
SO VIEL ZEIT BRAUCHST DU: 10 bis 15 Minuten – vielleicht auch ein wenig mehr
DAS BENÖTIGST DU: einen ruhigen, ungestörten Ort

DAS LIED DES HERZENS

Wusstest du, dass Menschen zu mir kommen, um Heilung zu erhalten? Ich arbeite dann auf unterschiedlichste Art und Weise mit ihnen, je nachdem, was der Einzelne gerade benötigt. Jedes Mal aber singe ich mein Heillied des Herzens – mit oder ohne meine Qilaut, die Trommel des Windes. Ist es nicht großartig, dass aus einem Lied Heilung entstehen kann?! Ist es nicht unfassbar, was der Große Eine uns da in die Wiege gelegt hat?!

Die Natur ist voller Musik. Nimm dir die Zeit hinzuhören: das großartige Konzert der Vögel am Morgen, das Rauschen des Baches, das Knistern der Blätter und Knospen an den Bäumen im Frühling, das leise Flüstern des Windes und bei uns in Grönland das Knarzen und Dröhnen des Eises. Alles ist Musik, alles ist Schwingung.

Die Stimme ist das älteste Musikinstrument des Menschen. Jedes Kind singt und kann auch singen – wir alle können es. Aber irgendwann bekommen wir zu hören, dass es gerade nicht passt oder dass wir leider kein Pavarotti sind. Und so bleiben unsere Lieder auf der Strecke. Ist das nicht bedauerlich? Wir wissen so viel und verstehen so wenig.

Hast du schon einmal gehört, wie großartig es klingt, wenn Menschen tönen? Unterschiedlichste Töne werden gesungen oder gesummt – jeder, wie er mag und kann –, und dabei entsteht ein Klangteppich, ein großes Energiefeld. In den Gesang kann man natürlich auch Absichten hineinlegen. Du kannst dir also sagen: „Jetzt singe und sende ich Freude, Liebe oder Gelassenheit." Und genau diese Absicht schwingt dann in jedem Ton mit.

Einmal war ich Zeuge, wie eine Gruppe älterer Eskimos auf einem Amt ungerecht behandelt wurde, und so habe ich für alle ein Lied gesungen: für die Gruppe der Eskimos ein Lied für gute Energie und für den Amtsleiter kurzerhand das Winterlied, das mit viel Nachdruck und Kraft gesungen wird. Er hat sehr gut verstanden, was ich ausdrücken wollte, und meinen Landsleuten konnte ich auf diese Weise zeigen, dass man sich nicht alles gefallen lassen muss. Wenn du wüsstest, wie laut und mit wie viel Energie ich singen kann, wenn ich Ungerechtigkeit erlebe oder wütend bin – du würdest es nicht erleben wollen.

Das habe ich zu Hause gelernt, denn wir haben immer Lieder des Herzens gesungen, wie meine Mutter Aanaa Aanaqqii sie nannte. Nie wurde sie müde zu betonen: *Wenn du dem Schöpfer ein Lied des Herzens singst, wird dein Spirit stark. Dann bist du ein ganzheitlicher Mensch im Gleichgewicht.*

ZEREMONIE FÜR DEN EIGENEN HEILGESANG

Das wirkliche Lied des Herzens singst du mit Absicht, Zeit und Achtsamkeit. Suche dir einen Ort, an dem du dich wohlfühlst und nicht gestört wirst. Du kannst sitzen oder stehen. Und dann schließe die Augen für diese Welt und gehe mit deiner ganzen Aufmerksamkeit zu deinem Herzen. Nimm es wahr, spüre es. Lass dir Zeit. Du kannst den Vorgang auch unterstützen, indem du deine Hand darauflegst. Öffne dein Herz innerlich, so wie du ein großes Tor öffnest. Spüre allem nach. Und dann lass dein Lied im Herzen entstehen, ob es ein bekanntes oder bestimmtes Lied ist oder aber eine Fantasiemelodie. Summe oder singe einfach drauflos, laut oder leise, sanft oder kraftvoll, liebevoll oder wütend. Für meinen Vater war das Lied des Herzens tagein, tagaus ein flüsterndes Pfeifen. Auf diese Weise hatte er ununterbrochen eine Beziehung zu seinem Herzen.

Dein Herz wird zu dir sprechen. Und mit zunehmendem Tun werden dir die Töne oder Lieder immer leichter über die Lippen kommen. Schließlich wirst du gar nicht mehr darüber nachdenken, sondern einfach aus Freude summen oder singen. So hast du immer ein Lied in dei-

nem Herzen. Und wenn du magst, lege eine Absicht hinein: Dankbarkeit, Vergebung, Liebe oder was immer dir wichtig ist. Kreiere dein eigenes Heillied.

Natürlich kannst du auch ein Lied für jemanden singen. Bei uns in Grönland sagen die Alten: *Wenn du derjenigen gedenkst, die in die nächste Welt gegangen sind, und du singst ihnen ein Lied des Herzens, so werden sie kommen und für dich als Polarlichter tanzen.* Was für eine schöne Vorstellung!

DAS BRINGT DIESE ZEREMONIE IN DEIN LEBEN

Leichtigkeit, Freude, Liebe – das sind nur einige Schlagworte, die beschreiben, wie es dir ergehen kann. Du wirst heiterer, der Gesang kommt zu dir zurück, allerdings nur, wenn du tatsächlich regelmäßig das Lied des Herzens praktizierst. Und regelmäßig bedeutet in diesem Fall zwei- bis dreimal täglich.

DAS GEBET DES HERZENS

DIESE ZEREMONIE HILFT DIR: Erleichterung und Frieden zu finden, dein Selbstvertrauen zu stärken und deine eigene Kraft zu erkennen und zu leben
DER RICHTIGE ZEITPUNKT: wann immer du Zeit hast
SO VIEL ZEIT BRAUCHST DU: 10 bis 15 Minuten oder auch länger
DAS BENÖTIGST DU: fürs Erste einen ruhigen Platz

In unserer Tradition werden die Lehren und Weisheiten vorgelebt und mündlich weitergegeben. Ich lernte von meiner Großmutter Aanakasaa und von meiner Mutter Aanaa Aanaqqii, den grönländischen Heilerinnen – durch Beobachtung, Selbsterfahrung und viele Prüfungen, denen ich mich stellen musste. Als meine Mutter starb, trat ich ihre Nachfolge als Ältester unseres Clans an. Mein Urururgroßvater war der letzte offizielle Schamane unserer Familie, denn die Kirche verbot als Erstes alle traditionellen Zeremonien, als sie ihre führende Rolle in Grönland einnahm. Und als mich eines Tages die Ältesten unserer Familie auf den heiligen Berg in der Nähe des großen Eises sandten, war ich völlig überrascht. Denn das bedeutet, die Initiation zum Schamanen zu empfangen. Das ist eine schwere Prüfung. Ich sollte 24 Stunden lang dort oben im Zwiegespräch mit meinem Schöpfer sein: nur ER und ich. Ich durfte nicht um Hilfe bitten, ich durfte nur zu IHM sprechen. Ohne meine Medizin, ohne Nahrung und Getränke und auch ohne Decken oder Zelt, die das Leben bei Minusgraden so angenehm machen. Oben angekommen, zog ich einen imaginären Steinkreis von etwa fünf Metern Durchmesser. Ich stellte mich hinein und fing an zu sprechen. Nach einer gefühlten Stunde fiel mir kaum noch etwas ein, und nach einer gefühlten weiteren halben Stunde wusste ich meinem Schöpfer überhaupt nichts mehr zu sagen. So ging ich dort oben meine Runden und rief mir unzählige Begebenheiten meines Lebens ins Gedächtnis – auf der Suche nach Dingen, die ich preisgeben wollte.

Kennst du Situationen, in denen man nicht weiß, was man tun soll, und im nächsten Augenblick kommt einem so etwas wie die buchstäbliche Erleuchtung? In der Zeitspanne eines Wimpernschlags verstand ich plötzlich, dass das hier meine Prüfung war: Es ging um meine Beziehung zum Schöpfer. Wollte ich mich mit schönen Geschichten brüsten oder wollte ich eine wahrhaftige Beziehung? Wollte ich nur meine guten Seiten ins Licht stellen oder wollte ich mich zeigen, wie ich wirklich bin? Dann musste ich auch über Dinge sprechen, bei denen ich nicht gut abschnitt, die ich tief in meinem Herzen vergraben hatte. Ich musste mir selbst ins Gesicht schauen, meine Maske herunternehmen und meine Geheimnisse offenbaren. Sogar jetzt fiel es mir noch schwer, und ich versuchte, mich vor den wirklich unangenehmen Dingen zu drücken. Doch ich merkte an einem inneren Schmerz, dass das nicht funktionierte, dass ich dabei nur mir selbst schadete.

Das war der Beginn meines wirklichen Zwiegespräches mit dem Schöpfer. Und danach konnte ich verstehen, was meine Großmutter Aanakasaa meinte, wenn sie sagte: *Eines Tages wirst du wahrhaft zu dir nach Hause kommen, zu dir selbst. Und dann wirst du auf gute Weise gehen, aufrecht und kraftvoll entsprechend deiner Bestimmung – für alle Zeiten.*

ZEREMONIE FÜR DIE BEGEGNUNG MIT DEM SCHÖPFER UND SICH SELBST

Für dein Gebet des Herzens brauchst du nicht auf den heiligen Berg nach Grönland zu gehen. Mit dem Schöpfer kannst du immer sprechen, wann und wo du willst. Für den Anfang mag es allerdings im geschützten Raum eines Zimmers einfacher sein. Achte darauf, dass du die nötige Ruhe im Außen hast und nicht gestört wirst. Wenn du magst, gestalte einen kleinen Altar (Seite 40) und zünde dir eine Kerze an. Damit bereitest du dich auch innerlich auf das Zwiegespräch mit dem Schöpfer vor. So habe ich es gelernt – mach du es so, wie es für dich passt.

Setze dich so hin, dass du es bequem hast, denn sonst sind deine Gedanken mit Nebensächlichkeiten beschäftigt. Schließe die Augen für diese Welt und dann sprich aus dem Herzen zu deinem Schöpfer. Erzähle ihm, wie es dir geht, was dir Freude bereitet, welche Sorgen und Nöte du hast. Berichte ihm von den Dingen, die du gerne tun würdest, für die du aber vielleicht nicht den Mut findest. Oder von dem Moment, als du die Unwahrheit gesagt hast, weil du dich nicht getraut hast, wahrhaftig zu sein. Sei mutig. Setze deine Maske ab. Zeige dich so, wie du bist, erzähle die Dinge, die du bisher sorgfältig unter Verschluss gehalten hast. Sprich über deine Ängste, über deine Sorgen und Nöte, über alles, was dich bedrückt. Erzähle ihm von dir. Zeige dich mit all deinen Seiten. Denn das ist wahre Größe: sich seinem Schöpfer so zu zeigen, wie man ist.

DAS BRINGT DIESE ZEREMONIE IN DEIN LEBEN

Wenn du das Herzensgebet regelmäßig durchführst, wirst du Erleichterung und Frieden erfahren, dein Selbstvertrauen wird wachsen, und du wirst mehr und mehr in deine eigene Kraft und Stärke kommen.

DEN EIGENEN ALTAR GESTALTEN

DIESE ZEREMONIE HILFT DIR: zu erkennen, was in deinem Leben gerade dran ist
DER RICHTIGE ZEITPUNKT: wann du möchtest
SO VIEL ZEIT BRAUCHST DU: mindestens 30 Minuten
DAS BENÖTIGST DU: eine schöne Unterlage, vielleicht eine Kerze, Musik, Blumen – deiner Fantasie sind keine Grenzen gesetzt

DEN EIGENEN ALTAR GESTALTEN

Zu meinen schamanischen Heilsitzungen in aller Welt reise ich mit unglaublich viel Gepäck. Das Wichtigste für mich sind meine großen Windtrommeln, die Qilauts, und meine Medizin: Adlerfedern, die Schwinge eines Schwanes, der Huf eines Karibus, Süßgras, ein riesiger Traumfänger, Steine, eine Heilkette, meine Friedenspfeife und vieles mehr. Das führt schon mal zu längeren Aufenthalten und viel Überzeugungsarbeit beim Zoll – aber das ist es mir allemal wert.

All diese vielen Gegenstände sind zu den unterschiedlichsten Gelegenheiten zu mir gekommen – gefunden auf spirituellen Wegen, als Geschenke von Menschen aller Kulturen, Stammesführern, Heilern oder Ältesten auf meinen Reisen um die ganze Welt. Und ich freue mich darüber, denn es ist der Schöpfer, der durch diese Geschenke zu mir spricht: Indem er sie zu mir schickt, macht er mich auf Dinge aufmerksam, die ich sonst vielleicht nicht wahrnehmen würde. Es ist wie ein Wegweiser. Ich überlege, welche Aufgabe ansteht, was ich erreichen will, denke darüber nach, was zu tun ist, setze mich intensiv damit auseinander. Dadurch erfahre ich Heilung. Diese Gegenstände werden also zu einer Medizin, die mich in meiner Weiterentwicklung unterstützt und Veränderung möglich macht.

Ist das schlüssig für dich? Alles in diesem Leben hat eine Bedeutung. Stell dir vor, du bekommst eine Blumenvase geschenkt, mit der du nichts anfangen kannst. Was könnte dir das sagen? Nun, ich möchte dir ein paar Möglichkeiten anbieten: Kann es sein, dass du zu wenig Blumen in deinem Leben hast, zu wenig Schönes, zu wenig Lebendiges? Kann es sein, dass du andere Menschen zu wenig teilhaben lässt und sie nicht wissen, was dir Freude bereitet? Ist es möglich, dass du anderen erlaubst, Dinge bei dir „abzuladen"? Könnte es sein, dass du in deinem Leben ausschließlich nützliche Dinge zulässt und auch mal wieder Freude an „Nutzlosem" haben solltest, allein um der Freude willen? Du siehst, es gibt unzählige Möglichkeiten. Und das zu erkennen ist Medizin. So mache ich es, das ist meine Art der Auseinandersetzung mit den Dingen. Sei sicher, mit ein wenig Übung wird sich auch dir die Bedeutung der Dinge sofort erschließen.

Doch selbst die wirkungsvollste Medizin kann nur dann ihre Heilenergie entfalten, wenn sie zum Leben erweckt wird, wenn man sich damit beschäftigt. Und so gestalte ich am Anfang jeder Heilsitzung einen Altar, so wie ich es von meiner Großmutter Aanakasaa gelernt habe. Unzählige Male haben wir es gemeinsam gemacht, aber am Ende sagte sie immer zu mir: *Der schönste Altar ist nicht der, den du aufbaust. Der allerschönste Altar ist der in deinem Herzen.*

ZEREMONIE FÜR DIE BEGEGNUNG MIT DEN DINGEN DES LEBENS

Wenn du also einen eigenen Altar herrichtest, kannst du die Dinge lebendig werden lassen: Du kannst dich mit ihrer Bedeutung für dich auseinandersetzen, verstehen, was sie dir mitteilen wollen, ihre Energie spüren oder sie als Erinnerung nutzen, dass es vielleicht noch etwas zu erledigen gibt. Gestalte den Altar so, dass dein Herz Freude und Wärme verspürt. Alles, was dir wichtig ist, ist deine Medizin – ob es ein Geschenk ist, ein Erbstück, ob die Natur es dir auf einem Spaziergang in den Weg gelegt hat oder wie immer es zu dir gekommen ist.

Als Unterlage nimmst du ein schönes Tuch oder auch festeres Material. Du kannst eine Kerze dazustellen, Blumen und auch schöne Musik dabei hören – sei kreativ. Und dann nimm einen der Gegenstände in die Hand und betrachte ihn aufmerksam. Erinnere dich daran, wie er zu dir gekommen ist, was er dir bedeutet, und spüre die Energie. Spüre auch die

DEN EIGENEN ALTAR GESTALTEN

Energie, die in deinem Herzen entsteht, wenn du dich aufmerksam und liebevoll mit den schönen Dingen beschäftigst.

So machst du es mit jedem einzelnen Gegenstand – und wenn du nur einen Gegenstand hast, dann mit diesem einen! Es gibt kein „So muss es sein!".

Ich baue meinen Altar wieder ab, wenn das Heilseminar nach einigen Tagen vorbei ist – du kannst ihn natürlich stehen lassen, wenn du magst. Aber erinnere dich, dass der schönste Altar nicht der ist, den du aufbaust. Der schönste Altar ist der in deinem Herzen.

DAS BRINGT DIESE ZEREMONIE IN DEIN LEBEN

Du wirst aufmerksam werden für die Zeichen des Lebens, dich intensiver mit Dingen auseinandersetzen und leichter zu Lösungen finden. Du wirst schneller merken, welche Energie dir guttut und was du brauchst. Die Beschäftigung mit dir selbst wird dich stärken. Kurz: Du wirst dir deiner selbst viel bewusster und hast nun die Möglichkeit, Dinge zu verändern und dich weiterzuentwickeln.

SICH SELBST UMARMEN

DIESE ZEREMONIE HILFT DIR: dich anzunehmen, dich zu lieben und zu deiner Mitte zu finden
DER RICHTIGE ZEITPUNKT: zu jeder Zeit, mindestens zweimal am Tag
SO VIEL ZEIT BRAUCHST DU: rund 5 Minuten
DAS BENÖTIGST DU: einen ungestörten Augenblick, mehr nicht

SICH SELBST UMARMEN

Liebe heilt. Wusstest du das? Eigentlich ist alles sehr einfach, wir machen es nur oft so kompliziert. Im Grunde brauchen wir nur unser Herz zu öffnen und unsere Liebe zu leben, unsere reine Liebe, ohne Wenn und Aber, ohne Konditionierung. Sei sicher: Dort, wo das passierte, lebten wir Menschen friedlich nebeneinander, gäbe es weniger Krankheiten, respektierten wir Pflanzen und Tiere und bräuchten uns um den Zustand unserer Mutter Erde nicht zu sorgen.

Die Stärke der Eskimogesellschaft ist, dass jedes Kind mit unglaublicher Liebe heranwächst, umsorgt von Eltern, Großeltern, Tanten und Onkeln, Cousins und Cousinen. Traditionelle Völker haben über Generationen hinweg erfolgreich ohne die moderne Gesellschaft gelebt, mit der Liebe der Familie als Fundament, um das Leben im Gleichgewicht zu halten, vom ersten bis zum letzten Atemzug.

Heute wird unser Leben mehr und mehr bestimmt durch Handy, Notebook & Co. Wir simsen, chatten und telefonieren per Skype mit Amerika, China, Russland oder Südafrika. Auf der anderen Seite haben wir noch nicht mal mehr die Zeit, uns um uns selbst, die Familie und Freunde zu kümmern. Bitte verstehe mich richtig: Ich halte die Technik für eine sehr wichtige Errungenschaft. Sie macht unser Leben deutlich leichter – ich finde nur, wir sollten nicht alles zugunsten der Technik opfern und darüber das Wichtigste im Leben vergessen.

Bei meinen Vorträgen, Heilsitzungen und Seminaren umarme ich die Menschen, die kommen. Ich gehe zu ihnen, schaue sie an und schließe sie einfach in die Arme. Viele von ihnen beginnen zu weinen. Sie sagen, sie seien schon so lange nicht mehr in den Arm genommen worden. Ist das nicht traurig?

Mein Vater Aataa Aataqqii sagte: *Die größte Entfernung im Dasein des Menschen ist weder von hier nach dort noch von dort nach hier. Nein, die größte Entfernung im Dasein des Menschen ist von seinem Verstand zu seinem Herzen. Nur indem er diese Distanz überwindet, lernt er, wie ein Adler zu segeln und seine innere Unermesslichkeit wahrzunehmen.*

Das Schwierigste ist, sich selbst zu lieben. Andere zu lieben ist viel leichter. Und so projizieren wir das, was wir für Liebe halten, auf die anderen. Und kommen selbst zu kurz. Aber wir merken, dass in unserem Leben etwas fehlt. Du bist ein Geschenk des Universums und gleichzeitig ein Wunderwerk der Natur. Wie sonst erklärt es sich, dass dein Atem ohne dein Zutun den ganzen Tag lang durch deinen Körper fließt und dich mit Sauerstoff versorgt? Und du brauchst nichts dafür zu tun. Oder dass dein Herz das Blut durch alle Adern und Venen pumpt, 24 Stunden am Tag? Oder dass du vor vielen Jahren aus einer Eizelle entstanden bist? Ist das nicht ein Wunder?! Und dieses Wunder bist du!

Wann fängst du an, es zu glauben? Wann beginnst du damit, dich selbst zu umarmen, dir deine Liebe zu schenken? Du bist das größte Wunder. Öffne dein Herz für dich, erkenne dich an, liebe dich selbst. Danach bist du bereit, jeden in deiner Welt zu lieben. Denn dann bist du frei und kannst jeden umarmen. Darum ist die schönste Umarmung die, die du dir selbst gibst, denn das ist der Beginn der wirklichen Liebe. So wie meine Mutter Aanaa Aanaqqii immer sagte: *Verliebe dich nie – werde zu Liebe!*

ZEREMONIE FÜR DEN LIEBEVOLLEN UMGANG MIT SICH SELBST

Ich praktiziere die Umarmung seit vielen Jahren, wann immer mir danach ist. Aber am Anfang habe auch ich sie zunächst zu Hause oder an einem ruhigen, ungestörten Ort durchgeführt.

Stelle dich bequem hin, deine Füße hüftbreit voneinander entfernt, die Knie locker. Dann strecke deine Arme nach vorne, die Handinnenflächen einander zugewandt. Schließe nun deine Augen für diese Welt, öffne dein Herz und lege die Arme wie zwei Flügel um dich. Höre in dich hinein, verschmelze mit dir. Gib dich hin, lass dich buchstäblich fallen und spüre dich. Nur du bist wichtig, sonst nichts. Bedanke dich bei deinem Schöpfer, dass es dich gibt. Freue dich über deine Einzigartigkeit und darüber, wie wunderbar du bist. Freue dich darüber, dass du bist, wie du bist. Spüre alles, was zu spüren ist: deine Haut, wenn deine Hände darüberstreichen, die Wärme in deinem Körper, vielleicht hier und dort ein Kribbeln, deinen Herzschlag, wo immer er sich bemerkbar macht, Freude über die Umarmung oder auch Leichtigkeit. Und wenn du das alles so richtig ausgekostet hast und merkst, dass es reicht, dann beende deine Zeremonie. Bedanke dich bei dir.

Wenn du magst, kannst du dich natürlich auch wertschätzen für alles, was du bist, dir die Erlaubnis erteilen, frei zu sein, frei in deinen Entscheidungen, in deinem Tun, frei in der Gestaltung deines Lebens. Und natürlich auch frei darin, dir zu sagen: Ich liebe mich.

DAS BRINGT DIESE ZEREMONIE IN DEIN LEBEN

Du wirst spüren, dass deine Beziehung zu dir selbst sanfter und liebevoller wird. Dir wird mit zunehmender Praxis auffallen, wann und zu welchen Gelegenheiten du dich selbst kritisierst, und so wirst du deinen Umgang mit dir pfleglicher und nachsichtiger gestalten. Freude über dich wird sich einstellen, mehr Gelassenheit und die Lust, Dinge zu probieren. Vor allem aber wirst du mehr und mehr auf dich hören, wirst Dinge tun, die gut für dich sind, und du wirst zu deiner Mitte finden.

VOM AUFGEHEN DER SONNE

DIESE ZEREMONIE HILFT DIR: dich anzunehmen, deine eigene Schönheit zu sehen
DER RICHTIGE ZEITPUNKT: eine halbe Stunde vor Sonnenaufgang
SO VIEL ZEIT BRAUCHST DU: rund 1 Stunde
DAS BENÖTIGST DU: einen ruhigen Ort zu Hause oder in der Natur, eine Kerze oder ein paar Zweige für ein kleines Feuer, Streichhölzer

VOM AUFGEHEN DER SONNE

Die größte Energiequelle, die wir kennen, ist die Sonne. Ohne sie gäbe es auf unserer Erde kein Leben. Bei uns im hohen Norden spüren wir das besonders deutlich. Die monatelange Dunkelheit im Winter ist in jedem Jahr eine neue Herausforderung für uns. Viele meiner Landsleute haben Depressionen. Der Winter ist eisig, bis zu 70 Grad minus kann es bei uns werden. Das ist auch für uns starker Tobak, selbst wenn wir daran gewöhnt sind.

Die Alten sagen, dass wir unsere Schönheit nicht mehr wahrnehmen können, wenn die Sonne untergeht und die Dunkelheit sich über das Land senkt. Aber sie sagen auch, es ist so wichtig, die eigene Schönheit zu sehen! Und so entfachen wir ein Feuer, das unsere Schönheit auch in der Dunkelheit beleuchtet. Im Morgengrauen erlischt es. Dann berühren uns die ersten Sonnenstrahlen mit ihrer Wärme und sorgen dafür, dass unsere Schönheit weiter erstrahlt. Wenn wir unsere Schönheit betrachten, dann sehen wir das Gute in uns. Und so feiern wir in meiner Welt die Zeremonie des Aufgehens der Sonne. Ganz besonders feierlich begehen wir diese Zeremonie natürlich, wenn nach den langen Wintermonaten die Sonne mit dem Frühling wieder zurückkehrt.

Denn wenn die Sonne wieder aufgeht, dann kommt sie mit lautem Gebrüll. Die Schönheit des gesamten Universums wird sichtbar, und das erfüllt uns mit Demut angesichts der Schöpfung. Aber vergiss nicht: Du bist ein Teil davon. Du bist ein kleines Universum, ein Abbild des Schöpfers. So hat er dich geschaffen.

Und so möchte ich dich zu einer Zeremonie anlässlich des Aufgehens der Sonne einladen, damit du deine eigene Schönheit feierst, damit du sie an jedem neuen Tag wertschätzt und nach außen strahlen lässt in deine unmittelbare Umgebung, aber auch in dein ganzes Leben. Und so die Schatten der Dunkelheit weichen lässt.

ZEREMONIE ZUR FEIER DER EIGENEN SCHÖNHEIT

Anhand eines Kalenders oder auch im Internet kannst du recherchieren, wann die Sonne aufgeht. Setze dich eine halbe Stunde früher an einem ruhigen Ort bequem hin. Natürlich kannst du es auch auf dem Balkon, der Terrasse oder im Garten machen. In diesem Fall zieh dich bitte warm an, damit dir nicht kalt wird. Entzünde eine Kerze oder, wenn du im Freien sein kannst und es ungefährlich ist, entfache ein kleines Feuer. Öffne dein Herz (Seite 28) und sieh durch das Licht der Kerze oder des Feuers deine eigene Schönheit: Betrachte dich innerlich oder auch äußerlich, als hättest du dich noch nie gesehen. Berühre dich so, als wäre es das erste Mal – die wunderbaren Haare, die deinen Kopf zieren. Deine Augen, die dich die ganze Welt sehen lassen, die so sehr leuchten, wenn du glücklich bist, und wunderschön anzusehen sind. Deine Gesichtshaut – fühle, wie zart sie ist.

Ehre die Schönheit deines Körpers, jedes einzelne Detail. Deine Hand, ob sie nun klein ist oder groß, feingliedrig oder kräftig. Deine Fingernägel: Wie fühlen sie sich an? Deinen ganzen Körper, dieses großartige Geschenk. Betrachte und spüre deine Schönheit von Kopf bis Fuß. Deine Beine, deine Füße – seit Jahren tragen sie dich durch dein Leben.

Richte deinen Rücken gerade auf, spüre die Wirbelsäule. Erlaube dir, deine Schönheit und Präsenz durch deine Körperhaltung sichtbar zu machen. Sitze aufrecht, und wenn du dich hinstellen möchtest, richte dich gerade auf, verbinde deine Füße mit der Erde und deinen Kopf mit dem Himmel über dir.

Sieh die Schönheit des hereinbrechenden Tages, sie ist dein Spiegel. Schau der Dämmerung zu, wie sie entweicht. Bist du draußen, höre den

VOM AUFGEHEN DER SONNE

Vögeln zu, wie sie ihr morgendliches Konzert singen, und spüre die Luft auf deiner Haut.

Wenn die Sonne dann aufgeht – vielleicht hast du von deinem Platz aus sogar die Möglichkeit, den Sonnenaufgang am Horizont zu beobachten –, danke ihr dafür, dass sie nun deine Schönheit während des ganzen Tages leuchten lässt, dir hilft zu wachsen, deinen Körper nährt. Wenn du magst, singe ihr ein Lied des Herzens (Seite 32). So tue ich es. Ich trommle auch dazu. Aber für dich hängt das natürlich von deinen Gegebenheiten ab. Frühes Trommeln in der Wohnung fördert nicht unbedingt ein freundliches Miteinander unter Nachbarn. Nimm die Sonne in dein Herz hinein, lösche deine Kerze oder dein Feuer und lass deine Schönheit während des ganzen Tages strahlen.

DAS BRINGT DIESE ZEREMONIE IN DEIN LEBEN

Regelmäßig ausgeführt, wirst du mit dieser Zeremonie deine schönen Seiten verstärkt wahrnehmen und dich zunehmend mit wohlwollenderen, freundlicheren Augen betrachten. Das strahlst du dann natürlich auch nach außen aus. Dein Selbstbewusstsein wird wachsen, auch dein Selbstvertrauen, und du wirst deinen Tag beschwingter angehen.

VON DER DANKBARKEIT

DIESE ZEREMONIE HILFT DIR: dankbarer zu sein, bewusster wahrzunehmen, zufriedener zu werden
DER RICHTIGE ZEITPUNKT: wann immer du deine Wertschätzung zum Ausdruck bringen willst
SO VIEL ZEIT BRAUCHST DU: 1 Minute
DAS BENÖTIGST DU: nichts weiter als einen Moment der Achtsamkeit

VON DER DANKBARKEIT

Wir Schamanen lernen in der Regel durch Überlieferung, Beobachtung und durch eigene Erfahrungen. Wir haben keine Lehrbücher, in denen wir nachschlagen, keine Schulen, in denen wir unser Handwerk erlernen können. Unsere Lehrer sind Schamanen, Heiler, Stammesälteste, die uns durch Geschichten, Anleitung, Wiederholung und Prüfungen schulen. Ich wurde durch meine Großmutter Aanakasaa und meine Mutter Aanaa Aanaqqii unterwiesen, beide geachtete Heilerinnen. Ich hörte ihnen zu, nahm an allen Heilsitzungen teil und praktizierte wieder und wieder. Inmitten der wilden und großartigen Natur Grönlands wuchs ich auf und bekam gezeigt, dass alles lebendig ist, alles einen Spirit hat: die Menschen, die Tiere, die Pflanzen und die Mineralien.

Minerale entstehen über lange Zeiträume, und sie können zu Eisen, Gold, Silber, Diamanten, Kristallen in Abertausenden unterschiedlichen Farben und Changierungen werden – das ist ihr Spirit. Und in der Pflanzenwelt sind die Gewächse so froh und glücklich, wenn die Sonne kommt, dass sie ihr Bestes geben – als Dank für den Schöpfer. Sie strahlen und entfalten ihre Schönheit. So weißt du, dass sie einen Spirit haben. Und die neugeborenen Tiere, die schwimmenden, die kriechenden, die gehenden und die fliegenden – hast du sie schon einmal beobachtet, wenn sie im Frühling zur Welt kommen? Sie springen, tanzen und sind ganz in Bewegung. Daran erkennst du ihren Spirit.

Bei den Menschen ist es das Lächeln. Wenn du lächelst, dann lächelt dein Spirit. Und: *Das allerschönste Lächeln ist das Lächeln des Herzens.* Das ist es, was dich anziehend und lebendig macht.

Meine Mutter brachte mir bei, die Bedeutung der Balance zwischen Geben und Nehmen zu verstehen und wenigstens einen Dank auszusprechen: Ob wir Kräuter sammelten, um Medizin herzustellen, zur Jagd oder zum Fischen gingen, ein Karibu entbeinten, ob der Sommer begann oder wir Besuch bekamen – jedes Mal bedankte sie sich bei dem Spirit der

Pflanze, des Tieres, des Steines, des Menschen oder auch beim Großen Einen. Und so wurde es für mich zu einer Selbstverständlichkeit, diese Zeremonie von ihr zu übernehmen.

Manchmal wird einem erst mit der Zeit bewusst, wie wertvoll das ist, was man gelernt hat. Auf einmal, fast wie ein Schalter, der umgelegt wird, weißt du, was gemeint ist. Du weißt, wovon du sprichst, weil du es selbst erlebt hast. Du weißt, wie sich etwas anfühlt, du kannst es spüren. Weil ich all das erlebt habe, ist die Dankbarkeit in meinem Leben tief verankert. Und durch dieses Bewusstsein erfahre ich alles, was ich bekomme, als eine Bereicherung, die mir das Leben schenkt. Du wirst es vielleicht nicht glauben, aber ich bedanke mich sogar bei meinem Hotelzimmer – dafür, dass es mir eine gute Herberge war.

ZEREMONIE FÜR DEN ACHTSAMEN UMGANG MIT DEN DINGEN DES LEBENS

Diese Zeremonie ist sehr einfach durchzuführen. Achtsamkeit und Respekt gegenüber allen Dingen des Lebens sind wichtig. Beginne mit einfachen Schritten und überfordere dich nicht. Suche dir erst einmal einen überschaubaren Bereich aus, mit dem du beginnen möchtest: beispielsweise das Essen. Nimm eine Mahlzeit am Tag, die du genießen kannst und willst. Schau auf das, was du isst oder zubereitest. Wenn es Fisch oder Fleisch ist, sieh das Tier vor deinem inneren Auge. Öffne dein Herz. Es hat sein Leben für dich gelassen. Bedanke dich dafür. Genauso ist es mit Obst oder Gemüse. Öffne dein Herz und bedanke dich dafür.

Und natürlich waren da auch Menschen am Werk, die es möglich gemacht haben, dass wir diese Nahrung zu uns nehmen können. Menschen, die auf dem Feld die Samen setzten und ernteten, die die Tiere

VON DER DANKBARKEIT

pflegten und fütterten, die in Fabriken am Fließband einfüllten oder packten. Menschen, die in aller Herrgottsfrühe aufgestanden sind, um das Brot zu backen, das wir essen. Keiner von uns kann ohne den anderen. Wir alle sind eine Einheit. Wir als Menschen, wir als Lebewesen, wir in der Natur. Und ich möchte mich zeit meines Lebens daran erinnern, dass ich für die Geschenke der anderen danke.

Wenn ich in der Natur bin, nehme ich eine Prise Tabak oder Erde in die Hand, strecke den Arm über meinen Kopf gen Himmel und sage: „Ich halte in meiner Hand die heilige Medizin der Erde und hebe sie hoch zu Dir, damit Du sehen kannst, dass ich auf gute Weise bin." An diese Worte schließe ich meine Dankbarkeit an. Den Tabak oder die Erde verstreue ich in der Natur.

DAS BRINGT DIESE ZEREMONIE IN DEIN LEBEN

Du wirst recht schnell merken, dass es guttut, sich zu bedanken. Diese Zeremonie wird dir eine innere Befriedigung verschaffen, und du wirst erleben, dass deine Achtsamkeit gegenüber deiner Umwelt sowie deine Wahrnehmungsfähigkeit wachsen. So kannst du für immer mehr Dinge dankbar sein. Regelmäßig praktiziert, wird sich das Gefühl der Dankbarkeit wie von selbst auch auf andere Dinge ausweiten, was mit einer tiefen inneren Zufriedenheit mit dem Leben einhergeht.

DER ATEM DES LEBENS

DIESE ZEREMONIE HILFT DIR: klarer in deinem Handeln zu werden und dich mit allem zu verbinden
DER RICHTIGE ZEITPUNKT: immer, bevor du dir etwas wünschst oder etwas Wichtiges tust
SO VIEL ZEIT BRAUCHST DU: ein paar Augenblicke
DAS BENÖTIGST DU: nichts als deinen Atem und einige ruhige Momente für dich

DER ATEM DES LEBENS

Meine Mutter Aanaa Aanaqqii, die grönländische Heilerin, hat mich gelehrt, allem den Atem einzuhauchen. Sie sagte, dass der Atem alles zum Leben erweckt, dass in unserer Welt nichts existieren kann ohne diesen Hauch des Lebens. Und so hat sie es mir von klein auf zu allen Gelegenheiten vorgelebt: Jeder Heilung, jedem Vorhaben, jeder Bitte und jedem Wunsch hat meine Mutter durch ihren Atem Leben gegeben. Dazu schloss sie die Augen für diese Welt, hob beide Hände an ihren Mund, formte eine Art Schale und hauchte ihren Atem hinein. Noch während sie blies, öffnete sie die Hände, entließ den Atem in die Welt, damit er alles zum Leben erwecke. So habe ich es gelernt. Das Anliegen – gesprochen oder nur gedacht – verbindet sich mit dem Lebensatem, dem Spirit, und kann hinaufsteigen zu ihm, dem Großen Einen.

Babys beginnen durch den Atem am Leben auf der Erde teilzuhaben. Die Zellen unseres Körpers entwickeln sich durch den Atem des Lebens, und sie sterben ab, wenn sie nicht versorgt werden. Und auf dem Totenbett hauchen unsere Ältesten den Atem des Lebens aus.

Der Regenwald wird die grüne Lunge der Erde genannt: Er schenkt uns den Atem des Lebens. Wir wissen das alles und holzen dessen ungeachtet trotzdem weiter ab. Ist das nicht erstaunlich? Der Amazonas ist weit weg, und so meinen wir, wir könnten das getrost ignorieren. Gierig nach Macht und Geld rauben wir Menschen uns buchstäblich den eigenen Atem. Sehend laufen wir in unser Verderben. Wir hinterlassen unseren Kindern Müll und ölverschmierte Meere und Strände, nehmen in Kauf, dass durch Abholzung ganze Landstriche verdorren und viele Arten aussterben, Meere und Flüsse überfischt werden und Atomenergie das Leben vieler ruiniert und die Umwelt über Generationen verseucht.

Die Alten sagen, dass wir alle eins sind: *ein Kreis, der keinen Anfang und kein Ende hat, dem wir alle zugehören.* Und dass es nur ein Land gibt für alle Menschen, dass niemand Meister der Erde sein kann. Wir atmen alle die gleiche Luft, und deren Verschmutzung macht nicht vor den Landesgrenzen halt. Die Umweltverschmutzung verstärkt das Schmelzen des Eises zusätzlich zu den normalen klimatischen Veränderungen deutlich, dabei hatten wir in Grönland bis vor wenigen Jahren keine Autos und wir haben immer noch keine Fabriken, in denen produziert wird. Gleichwohl leiden wir unter dem Müll der Welt. Den letzten Indianerstämmen am Amazonas wird der ursprüngliche Lebensraum genommen, sie werden in Reservate verbannt, verfolgt, weil sie und ihre Familien gegen die Abholzung der großen Bäume protestieren. In Japan sind ganze Landstriche aufgrund der Atomkatastrophe von Fukushima verseucht. Afrika vertrocknet, auch in Europa wandelt sich das Klima. Unser Wasser wird immer knapper. Bereits jetzt gibt es Länder, die zu bestimmten Zeiten den Verbrauch rationieren. Wir haben das Glück, dass unser Wasser aus dem Hahn kommt und wir es uns nur zu nehmen brauchen – noch. Das wird sich ändern. Der Meeresspiegel wird mit zunehmender Eisschmelze steigen, viele Menschen werden ihre Heimat verlieren und obdachlos sein, Hunger, Durst und Armut werden sich weiter in der Welt ausbreiten. Wenn wir dem Irrsinn, der vielerorts geschieht, nicht Einhalt gebieten, wird unsere Rechnung höher ausfallen, als wir uns das je vorgestellt haben.

Es ist also höchste Zeit: Lass den Atem des Lebens fließen, hauche den Dingen wieder Leben ein – zuerst deinem Herzen. Erwecke es mit dem Atem zum Leben, schmelze das Eis darin, denn dann bist du in der Lage, alles mit den Augen der Liebe zu sehen und die wahre Schönheit in allem zu erkennen.

Bei einem Seminar wandte eine Teilnehmerin ein, dass das doch so einfach nicht sein könne. Doch, es ist so einfach. Wir selbst haben die Dinge im Laufe der Zeit so verkompliziert. Der Flügelschlag eines Schmetterlings kann am anderen Ende der Welt einen Hurrikan auslösen. So wenig braucht es, um die Energie zu verändern: nur einen Hauch.

DER ATEM DES LEBENS

ZEREMONIE, UM ETWAS ZUM LEBEN ZU ERWECKEN

Diese Zeremonie führe ich so oft durch, dass sie ein fester Bestandteil meines Lebens ist. Bei all meinem Tun, dem ich Leben einhauchen möchte, verfahre ich wie folgt: Nehmen wir an, du hast eine schwirige Herausforderung zu meistern, etwa ganz geduldig und respektvoll mit deinem Kollegen, deiner Nachbarin oder einem Familienmitglied umzugehen. Schließe deine Augen für diese Welt, gehe nach innen, öffne dein Herz und sage dir, was du tun wirst: „Ich werde heute sehr geduldig und respektvoll sein." Hast du deinen Wunsch geäußert, hebe beide Hände zu deinem Mund, lege die Außenkanten der Hände zusammen, und auch die Fingerspitzen berühren sich sanft, so dass deine Hände eine ovale Schale formen. Nun hauche deinen Atem sanft in deine Schale, öffne gleichzeitig die Hände und entlasse den Atem in die Welt. Lass los, damit die Dinge lebendig werden.

DAS BRINGT DIESE ZEREMONIE IN DEIN LEBEN

Du wirst dir deiner Wünsche und deines Tuns zunehmend bewusster werden. Indem du den Dingen Leben einhauchst, belebst du zugleich dich und die Welt. Du wirst dir zunehmend darüber klar, dass du mit allem verbunden bist, und du wirst diese Verbundenheit mehr und mehr erleben.

DAS RÄUCHERN

DIESE ZEREMONIE HILFT DIR: dich von belastenden Energien zu reinigen, dich einzustimmen, zur Ruhe zu kommen
DER RICHTIGE ZEITPUNKT: wann immer es dir guttut
SO VIEL ZEIT BRAUCHST DU: rund 30 Minuten
DAS BENÖTIGST DU: ein feuerfestes, nicht Wärme leitendes Gefäß, getrocknete Blätter von weißem Salbei oder von anderen Kräutern, Streichhölzer, einen ruhigen Ort, eine bequeme Sitzgelegenheit

DAS RÄUCHERN

Wir indigenen Menschen räuchern zu vielen Gelegenheiten. Es ist für uns eine Zeremonie der Reinigung: Wir waschen uns sozusagen im Rauch, um uns von allen Verunreinigungen und Verwirrungen zu befreien.

Meine Großmutter Aanakasaa sagte immer: *Von allem, was erschaffen ist, ist Rauch das Einzige, was sich vor unseren Augen auflöst. Deshalb bitten wir den Rauch zu uns. Und der Rauch wird alle Unreinheiten hinwegheben.*

Auch die westliche Kultur kennt das Räuchern: Kammerjäger räuchern gegen Ungeziefer, auf Toiletten werden Streichhölzer angezündet, um unangenehme Gerüche zu vertreiben, das Räuchern von Räumen und Häusern wurde schon in alter Zeit durchgeführt und wird jetzt wieder häufiger praktiziert.

Durch das Räuchern reinige ich mich und kläre meinen Geist von negativen Gedanken, die ich über mich und andere denke, von den negativen Worten, die ich mit meinem Mund spreche und durch meine Ohren höre, und von allem Negativen, das ich mit meinen Augen sehe und mit meinen Händen tue. Wie oft betrachte ich Dinge, ohne ihre Schönheit zu sehen. Wie oft sehe ich nur die Nützlichkeit oder den Vorteil. Wenn ich nur daran denke, wie häufig ich andere gekränkt oder wie viel Unsinn ich im Laufe meines Lebens erzählt habe! Und so bitte ich den Schöpfer darum, diese Dinge mit dem Rauch von mir zu nehmen. Dann kann sich alles auflösen, so dass ich unbelastet von der Vergangenheit nur noch die Schönheit in allem sehe, das Schöne in allem höre, die Dinge auf gute Art und Weise tue. Denn wenn der Rauch emporgestiegen ist, werde ich reinen Herzens sein, liebevoll, kraftvoll und stark.

Neben der Reinigung dient das Räuchern auch der spirituellen Vorbereitung. Die einzelnen Handlungen während der Zeremonie helfen, dich zu erden, die Atmosphäre zu reinigen, deine Gedanken zu beruhigen und dich auf dein Vorhaben zu fokussieren. Wir verbinden uns beim

Räuchern mit jahrtausendealten Traditionen, und so ist es für uns besonders wichtig, bevor wir beten oder bevor wir einen heiligen Raum wie zum Beispiel die Schwitzhütte betreten, unser Pendant zur Kirche.

Aber auch zur Einstimmung auf ein schwieriges Gespräch kannst du räuchern oder zum Abschluss eines Arbeitstages oder einer Arbeitswoche. Dann befreit dich das Räuchern von allen Anstrengungen und ist damit gleichzeitig die Einstimmung auf deinen „Feier"-Abend oder auf dein Wochenende.

ZEREMONIE ZUR REINIGUNG, KLÄRUNG UND EINSTIMMUNG

Nimm Platz an einem ruhigen Ort, an dem du dich wohlfühlst und nicht gestört wirst. Stelle das Gefäß vor dich hin und fülle es mit einigen getrockneten Salbeiblättern oder anderem Räucherwerk. Entzünde die Blätter mit einem Streichholz. Sei geduldig und umsichtig, es dauert eine Weile, bis der Salbei brennt. Wenn es so weit ist, blase die Flamme ganz sacht und vorsichtig aus, so dass nur noch der Rauch aufsteigt. Beobachte ihn in Ruhe, vielleicht kräuselt er sich, vielleicht bildet er eine kleine Säule, bevor er sich auflöst. Beobachte einfach und dann beginne mit deiner Reinigung:

Strecke deine Hände über den Rauch und reibe sie gerade so, als würdest du sie waschen. Tue es sorgfältig und voller Achtsamkeit. Als Nächstes bilde mit den Händen eine Schale und fange damit den Rauch wie in einem Gefäß auf. Führe ihn über das Gesicht, die Stirn und das Haar, als würdest du diese mit Wasser benetzen. Dann ist dein Mund an der Reihe: Spüle ihn mit Rauch aus. Nun führe mit den Händen den Rauch an deine Ohren und reinige sie von außen, als ob du sie wäschst. Zum

DAS RÄUCHERN

Schluss hebe den Rauch mit deinen Händen an dein Herz, um es von allem zu reinigen. Wenn du an diesem Punkt das Räuchern beenden möchtest, bleib einfach entspannt sitzen, solange du magst. Möchtest du hingegen deinen gesamten Körper reinigen, fächele den Rauch weiter über Brust, Bauch, Beine und Arme. Dann lass die Salbeiblätter verglühen oder ersticke den Rauch. Behalte deine Sitzposition so lange inne, wie du Lust und Zeit hast.

Ich beende meine Zeremonie immer mit einem Dank an meinen Schöpfer oder aber nehme sie als Beginn für ein Gebet.

DAS BRINGT DIESE ZEREMONIE IN DEIN LEBEN

Schon während der Zeremonie wirst du innerlich zur Ruhe kommen. Wenn du sie regelmäßig durchführst, wirst du vieles bewusster erleben: So bist du in der Lage, deine Worte achtsamer zu wählen, und kannst anderen aufmerksamer folgen. Innere Befreiung und Klarheit stellen sich ein. Dir wird mehr und mehr das Schöne im Leben auffallen. Und du wirst zentrierter. Das momentane Erleben der inneren Ruhe ist schön, das Entscheidende aber ist, dass sich die Ruhe mit dem kontinuierlichen Durchführen immer mehr und vor allem nachhaltig in deinem Alltag einstellen wird.

DIE SCHAMANISCHE MEDITATION

DIESE ZEREMONIE HILFT DIR: dich zu fokussieren, klarer zu werden und zur Ruhe zu kommen

DER RICHTIGE ZEITPUNKT: wann immer du eine Nische in deinem Alltag findest

SO VIEL ZEIT BRAUCHST DU: mindestens 15 Minuten

DAS BENÖTIGST DU: fürs Erste einen ruhigen Platz

DIE SCHAMANISCHE MEDITATION

1957 wurde die älteste Schwester meiner Großmutter einhundert Jahre alt. Nichten, Neffen, Enkelkinder, Kinder – alle kamen, um zu gratulieren. Wir setzten uns im Kreis vor sie hin, und dann ging jeder einzeln zu ihr. Sie umarmte ihn und gab ihm einen Eskimokuss. Unser Eskimokuss ist in Wirklichkeit ein Beschnuppern. Jede Emotion riecht anders, wusstest du das? Durch das, was du riechst, weißt du, wo diese Person gerade steht. Ob sie wütend, verärgert, sehr glücklich oder vielleicht ängstlich ist. Und so sagte meine Großtante: „Oh, Tupaarnaq, du bist verärgert, was ist los?" Oder: „Malik, du bist glücklich, das ist aber schön." Sie erinnerte sich an jeden, nur die ganz Kleinen, die kannte sie noch nicht. Doch dann schnupperte sie und sagte: „Oh, du gehörst zu ihr." Sie konnte das riechen. Jeder kann das. Eigentlich.

Aber tatsächlich haben wir Menschen heute viel von unserer Wahrnehmungsfähigkeit verloren. Es gibt einige unter uns, die sich selbst gar nicht mehr richtig spüren. Die nicht mehr unterscheiden können, ob sie traurig oder wütend sind, nicht mehr wissen, wie sich echte Freude anfühlt. Menschen, die einfach den Kontakt zu sich selbst verloren haben.

Ich bin froh, dass meine Großmutter Aanakasaa nie müde wurde, ihre Weisheiten zu wiederholen: *Viele Menschen beten. Wenige denken über ihr Gebet nach und meditieren dann in Stille. Noch viel weniger kommen zu einer Antwort und arbeiten sorgfältig daran, dass die Antwort lebendig wird.* Immer hat sie mich dazu ermutigt, auch in unbequemen Momenten meine Gefühle auszuhalten, in der Meditation genau hinzuschauen und mich mit mir selbst auseinanderzusetzen. Jedes Mal erklärte sie mir, dass genau die Dinge, vor denen ich zurückschreckte, meine Aufmerksamkeit erforderten. Dass das Überwinden vermeintlicher Ängste und Schwierigkeiten eine Chance sei, mich weiterzuentwickeln. Und dass tägliche Übung mich stark mache und bereit für die wirklich wichtigen Aufgaben des Lebens. Dafür bin ich ihr unendlich dankbar.

ZEREMONIE ZUR FOKUSSIERUNG, KONZENTRATION UND KLÄRUNG

Zum Einstieg ist ein ruhiger Ort wichtig, an dem du dich wohlfühlst und nicht gestört wirst. Später kannst du auch an einem belebteren Ort meditieren. Wenn du magst, gestalte dir zuerst einen Altar (Seite 40) oder zünde dir eine Kerze an, so wie meine Mutter Aanaa Aanaqqii. Das Räuchern vorher hilft dir, dich von allem zu reinigen und dich besser zu zentrieren (Seite 60). Dann schließe die Augen für diese Welt und spüre in dein Herz hinein. Meine Großmutter sagte immer: *Jedes Mal, wenn du mit dem Herzen redest, wird es zurücksprechen. Jetzt ist es für dich und mich an der Zeit zu lernen, unserem Herzen zuzuhören.* Und genauso kannst du es tun: Sage ihm, dass du verstehen kannst, dass es wütend oder traurig ist, liebe es, wie man ein kleines Kind lieben würde, wenn es Schmerzen hat. Freue dich mit deinem Herzen, wenn es fröhlich ist, oder singe ihm ein Lied (Seite 32), wenn es das in diesem Augenblick braucht. Sprich ein Gebet. Es spielt keine Rolle, welche Worte du wählst: Alles, was du im Einklang mit dem Herzen tust, wird zum Gebet, wird heilig.

Dann sitze in Stille und meditiere darüber: Was hast du gesagt? Worum hast du gebeten? Was braucht dein Herz in diesem Moment? Wie wäre es, wenn es das bekäme? Was kannst du jetzt, etwas später oder auch langfristig tun, damit es sich erfüllt? Kannst du es allein machen oder brauchst du Unterstützung? Wen kannst du bitten? Deinen Schöpfer, einen Freund, eine Freundin, die Familie? Sitze in Stille, bis du alle Antworten aus deinem Inneren bekommen hast. Beobachte, höre und spüre, was in dein Bewusstsein gelangt. Akzeptiere alles, selbst dann, wenn es dich merkwürdig anmutet. Es ist deine Intuition, die sich dir offenbart. Und je öfter du sie zulässt und auf sie hörst, desto sicherer begleitet sie dich durch dein Leben.

DIE SCHAMANISCHE MEDITATION

Bald wird der Moment kommen, da bedarf es keiner Meditation mehr, um sofort eine Antwort zu empfangen.

Und dann wirst du verstehen, was es heißt, wenn ich sage: Du und ich, wir werden nie lernen zu fliegen, wir können jedoch lernen, wie ein Adler zu gleiten, und unsere eigene innere Unermesslichkeit erkennen.

DAS BRINGT DIESE ZEREMONIE IN DEIN LEBEN

Durch die Konzentration auf das Wesentliche wirst du innerlich zur Ruhe kommen, du kannst Fragen klären, deine Gefühle annehmen und sie verarbeiten. Schon eine einzige Meditation ist wertvoll – was bewirkt erst das regelmäßige Meditieren in deinem Leben! Es wird dazu führen, dass du genau erkennst, wo du dich sinnvollerweise einbringst und wo es gut wäre, mehr Abstand zu halten. So kannst du mehr und mehr den Status des Beobachters einnehmen und Entscheidungen mit Überblick treffen. Du wirst verstärkt deine Intuition wahrnehmen, deiner Kompetenz vertrauen und dadurch zu mehr Selbstbewusstsein finden.

DIE SCHAMANISCHE ATEMMEDITATION

DIESE ZEREMONIE HILFT DIR: von allem loszulassen, was dich belastet
DER RICHTIGE ZEITPUNKT: wann immer du deinen Gemütszustand zum Positiven verändern willst
SO VIEL ZEIT BRAUCHST DU: etwa 10 Minuten
DAS BENÖTIGST DU: am Anfang einen ungestörten Ort

DIE SCHAMANISCHE ATEMMEDITATION

Das Konzept des Lebens ist faszinierend. Als ich geboren wurde, gab es sehr wenig bei uns: Gebäude, Fenster, Autos – all das kannten wir damals nicht. Wir lebten in Qammaqs, sogenannten Erdhäusern, und in Zelten. Im Winter jagten wir auf dem Eis und im Sommer gingen wir fischen. Nach heutigen Maßstäben waren wir arm, aber die Natur gab uns alles, was wir zum Leben brauchten, und nie nahmen wir mehr, als wir benötigten.

Bevor wir zum Jagen gingen, sprachen wir jedes Mal ein Gebet und baten darum, ein Tier erlegen zu dürfen. Und wenn wir nach langer Schlittenfahrt über das Eis endlich auf eine Herde stießen, konnten wir buchstäblich sehen, dass die Tiere unter sich beschlossen, welches von ihnen sich uns zur Verfügung stellte. Wir ehrten es, indem wir uns bei ihm bedankten. So habe ich es von Kindesbeinen an von meinen Vorfahren gelernt: Wenn du etwas nimmst, gibst du etwas zurück – das ist das Gesetz der Balance. Und auf diese Weise gehst du sorgsam mit allen Ressourcen um, die der Schöpfer dir zur Verfügung gestellt hat.

Und dann kamen fremde Menschen in unser Land, wir wurden umgesiedelt, in Häusern untergebracht und dazu angehalten, viele unserer Lebensgewohnheiten zu ändern. Alkohol, Schweinefleisch und Fertigprodukte wurden importiert, und langsam, aber sicher veränderte sich unsere grönländische Welt. Wenn ich heute betrachte, wo ich herkomme und wo ich hingehe – das war und ist ein schwieriger Studiengang.

Veränderung ist ein Charakteristikum des Lebens, alles ändert sich – und auch wir Menschen müssen uns den neuen und sich ständig ändernden Rhythmen anpassen, wenn wir im Leben und in unserer Gesellschaft bestehen wollen. Unsere Welt ist schnelllebig geworden, an jedem Tag werden wir mit tausenderlei Dingen konfrontiert. Das bedeutet natürlich auch, dass du und ich permanent beeinflusst werden: im Guten wie im Schlechten, im Kleinen wie im Großen. Umso wichtiger ist es, auch heute im Umgang mit unseren Ressourcen das Gesetz der Balance zu beachten – in der Natur, in unserer Gesellschaft und bei uns selbst. Manchmal sind es vermeintlich profane Dinge wie Stress oder Ärger, manchmal sind es größere Brocken, die uns aus der Balance bringen.

Ich bin dankbar, dass meine Großmutter Aanakasaa mich immer wieder aufgefordert hat, auf meine Ressourcen zu achten: *Beobachte, gib acht auf alles, was du hörst, siehst, sprichst, schmeckst und fühlst – in deinem Herzen.* Denn dadurch habe ich gelernt zu unterscheiden: Ich nehme alles mit meinem Herzen auf, überprüfe es und lasse los, was mir nicht guttut. Dadurch bin ich auch in schwierigen Zeiten geschützt. Wenn du die schlechten Dinge zulässt, dann sammelst du im Handumdrehen Müll an. Und du weißt, wie schnell Müll zur Belastung werden kann. Dann kommen schwere Zeiten, und du lädst auf deinen ohnehin schon großen Müllberg kräftig weiter auf.

Stell dir einen Schwan vor, der auf dem Wasser schwimmt. Seine Flügel und Federn sind getränkt mit Wasser, aber wenn er losfliegt, hat er sich schon beim dritten Flügelschlag allen Wassers entledigt. Er lässt einfach los. Ist das nicht faszinierend?!

Und wie kannst du das lernen? Ich praktiziere dafür die schamanische Atemmeditation meiner Großmutter. Das geht schnell, ist überaus einfach, bringt Erleichterung und hält mich immer in Übung. Körper, Verstand und Emotionen haben sich im Laufe der Zeit wie von selbst auf das Loslassen eingestellt.

ZEREMONIE ZUM LOSLASSEN

Sicherlich ist es einfacher, die Atemmeditation anfangs an einem ruhigen Ort zu praktizieren. Wenn du magst, kannst du vorher eine Kerze anzünden, räuchern (Seite 60), ein Gebet des Herzens sprechen (Seite 36)

DIE SCHAMANISCHE ATEMMEDITATION

oder auch ein Lied des Herzens singen (Seite 32). Stell deine Füße in Hüftbreite auf, so dass du einen sicheren Stand hast. Die Arme hängen seitlich herab. Schließe nun die Augen für diese Welt, atme langsam und tief durch die Nase ein, bis dein Brustkorb richtig mit Luft angefüllt ist. Hebe beim Einatmen die Arme, bis sie gerade nach vorne ausgestreckt sind, die Handinnenflächen zeigen nach unten. Die Arme sind locker, die Ellbogen leicht gebeugt. Halte nun kurz die Luft an, bevor du sie kraftvoll aus deinem offenen Mund herausbläst. Lass beim Ausatmen die Arme nach unten gleiten. Wiederhole das so lange, bis dein Atem von selbst langsamer wird und sich beruhigt. Folge deinem Atem, bis er wieder ganz normal und ruhig wird. Dann bedanke dich und öffne die Augen.

DAS BRINGT DIESE ZEREMONIE IN DEIN LEBEN

Übung macht den Meister, aber schon auf dem Weg zur Meisterschaft kannst du Erleichterung empfinden. Du wirst wieder in deiner Mitte sein, dich spüren und feststellen, wie du kurz-, mittel- und langfristig immer besser in der Lage bist, dich von Stress, Ärger und anderen Gefühlen zu befreien. Das wirkt sich natürlich auf deinen Gemütszustand, deine Haltung und deine innere Ruhe aus, was ja erhebliche gesundheitliche Vorteile mit sich bringt.

DAS SCHAMANISCHE SCHÜTTELN

DIESE ZEREMONIE HILFT DIR: deine Energie zu verändern, dich neu auszurichten und zur Ruhe zu finden
DER RICHTIGE ZEITPUNKT: wann immer du aus dem Gleichgewicht geraten bist
SO VIEL ZEIT BRAUCHST DU: 15 bis 20 Minuten
DAS BENÖTIGST DU: eine Rassel und einen ruhigen Ort

DAS SCHAMANISCHE SCHÜTTELN

Weshalb der Große Eine mir diese Fähigkeit zum Heilen gegeben hat, das ist für mich schwer zu verstehen. Und das Wort Danke ist in dem Zusammenhang so bedeutungslos, nicht mehr als nur ein Wort.

Während meiner Schulzeit entdeckte ich zum ersten Mal, welche Kräfte ich hatte. Da meine Mitschüler wussten, dass meine Großmutter und meine Mutter Heilerinnen waren und ich in der Kunst des Heilens unterrichtet wurde, erzählten sie mir häufig von ihren Schmerzen und Wehwehchen. Als Jugendlicher hatte ich natürlich auch Interesse an den Mädchen und freute mich, mal hier und da die Hand auf einen Mädchenarm, -kopf oder -rücken legen zu dürfen. Die Berührung elektrisierte mich. Schon bald stellte ich aber fest, dass jedes Mal, wenn ich Hand anlegte, ich es war, der die Schmerzen meiner Mitschülerinnen bekam. Mal tat der Rücken weh, mal der Kopf, mal waren es Bauchschmerzen. Ich verstand die Welt nicht mehr, und es war mir richtig peinlich.

Irgendwann fasste ich mir ein Herz und vertraute mich meiner Großmutter an. Sie lächelte ihr schönstes Lächeln und sagte nur: *Ändere deine Absicht*. So beschloss ich, es zu testen. Bei einer Klassenarbeit bemerkte ich, dass eine hinter mir sitzende Freundin sehr unruhig war und sich nicht konzentrieren konnte. Als ich zu einem späteren Zeitpunkt auf die Toilette musste, legte ich ihr im Vorbeigehen die Hand auf den Kopf und sandte ihr meine ganze Energie mit der Absicht der Ruhe und der Konzentration. Ich spürte sofort, dass eine Änderung bei ihr eintrat, und gleichzeitig bemerkte ich, wie leicht ich mich innerlich fühlte. Keine Unruhe, keine Unkonzentriertheit waren zu spüren, und ich begriff, warum: Es war wirklich meine Absicht, die darüber entschied.

Nun konnte ich auch zum ersten Mal nachvollziehen, was meine Mutter Aanaa Aanaqqii meinte, wenn sie bei ihren Heilsitzungen zu mir sagte: *Alles, was es braucht, um Energie zu verändern, ist ein Hauch – und schon ist es geschehen*. In dem Fall war der Hauch meine eigene Intention, die ich in den langen Jahren der Lehrzeit bei meiner Großmutter und Mutter weiter ausgeprägt habe. In meinen Heilsitzungen kannst du heute meine Energie auf mehrere Meter Entfernung spüren. Durch meine Absicht, mit der ich sie sende, landet sie genau bei dir.

Wie du dir vielleicht vorstellen kannst, bin ich als Schamane ziemlich oft gefordert. Mein energetisches Gleichgewicht ist extrem wichtig für mich, und ich tue einiges für meine Balance. So führe ich die folgende Zeremonie sehr regelmäßig durch – übrigens auch in meinen Seminaren. Je länger man wartet, desto mehr können sich belastende Energien festsetzen. Darum sorge ich immer schnell für mich, nicht erst morgen oder übermorgen. Und eine recht schnelle und für mich wirksame Möglichkeit ist das schamanische Schütteln.

ZEREMONIE ZUM VERÄNDERN DER ENERGIE

Wenn du magst, kannst du vorher räuchern (Seite 60), ein Gebet des Herzens sprechen (Seite 36) oder ein Lied des Herzens singen (Seite 32). Nimm eine Rassel zur Hand. Du kannst dir übrigens ganz leicht selbst eine herstellen: indem du eine leere Dose etwa zu einem Drittel mit Reiskörnern befüllst und sie dann fest verschließt.

Nun stelle dich so hin, dass du genug Platz um dich herum hast. Deine Füße stehen in hüftbreitem Abstand, und die Knie sind locker angewinkelt. Schließe nun die Augen für diese Welt und beginne, deinen gesamten Körper von oben nach unten „abzurasseln". Führe dazu die Rassel in einigen Zentimetern Abstand vor deinem Körper hin und her und um ihn herum: vom höchsten Punkt des Kopfes bis hin zu den Füßen. Wo sitzen deine durcheinandergewirbelten Energien, und wo sollten sie sich eigentlich befinden? Rassele und schüttele dich dabei.

DAS SCHAMANISCHE SCHÜTTELN

Wenn du magst, kannst du auch von einem Fuß auf den anderen stampfen.

Führe diese Übung so lange durch, bis du merkst, dass deine Spannungen abgebaut sind und du genug hast. Dann lege dich einige Minuten entspannt auf den Rücken, mit leicht geöffneten Beinen, die Handinnenflächen nach oben, und spüre nach, wie sich dein Körper beruhigt. Spüre allem nach. Fühle deine Energie. Beende die Zeremonie mit einem Dank. So tue ich es.

DAS BRINGT DIESE ZEREMONIE IN DEIN LEBEN

Einmal aufgeschüttelt, kann sich alles neu ausrichten, setzen und in Balance kommen. Du kannst dich klarer ausrichten. Nimm das Schütteln locker, hab Spaß dabei. Du kannst schnell die Balance wiederherstellen, was mittel- und langfristig dazu führt, dass sich nichts ansammelt und du nicht so schnell aus dem Gleichgewicht gerätst.

DAS HEILIGE FEUER

DIESE ZEREMONIE HILFT DIR: Klarheit zu gewinnen und eine Angelegenheit hinter dir zu lassen
DER RICHTIGE ZEITPUNKT: jederzeit
SO VIEL ZEIT BRAUCHST DU: 15 bis 20 Minuten
DAS BENÖTIGST DU: einen Platz, wo du eine Weile für dich sein kannst

DAS HEILIGE FEUER

In meiner Tradition ist das Feuer etwas Heiliges. Schon bei der Errichtung des Feuerplatzes bete ich zum Schöpfer und bitte ihn, mir dabei zuzuschauen und sich davon zu überzeugen, dass ich alles in guter Absicht tue. Ist das Feuerholz aufgeschichtet, bitte ich den Großen Einen vor dem Anzünden um seine Unterstützung für mein Vorhaben. Mein Gebet schließe ich, indem ich eine Prise Tabak oder ein bisschen Erde als Dank über das Feuerholz streue. Das ist die Balance des Gebens und Nehmens: Wenn ich etwas nehme, gebe ich auch wieder etwas zurück. Danach entzünde ich das Holz und beobachte, wie die Flammen langsam an den Scheiten lecken und schließlich zu einem großen Feuer werden, an dem wir beten, singen, nachdenken, trommeln, die Ahnen einladen oder auch Steine für die heilige Schwitzhütte glühen. Gelacht werden darf übrigens auch – Freude und Humor gehören selbstverständlich dazu.

An einem Feuer lassen sich auch gut klärende Gespräche führen, Geschichten erzählen, oder du kannst einfach deinen Gedanken nachhängen und dich wärmen, du kannst Dinge loslassen oder sie zum Schöpfer senden.

Die Eskimos sagen, wenn sie mit Gott sprechen, wenn sie beten, dann wird der Große Eine ihre Gebete anheben und sie mit erstaunlicher Präzision genau da hinbringen, wo sie hingehören. Und so sprechen wir unsere Gebete in das Feuer und enden, indem wir ihnen einen sanften Atemzug hinterhersenden, denn so werden sie mit unserem Atem des Lebens und dem Rauch aufsteigen zum Schöpfer, der dafür sorgt, dass sie mit unglaublicher Präzision landen.

Im Sommer 2009 habe ich zu einem derartigen Gebet aufgerufen: zum heiligen Feuer in Grönland am Fuße des Gletschers. Schamanen und Älteste aus aller Welt kamen, und gemeinsam haben wir eine dreitägige Feuerzeremonie abgehalten. Wir haben dafür gebetet, dass das Eis in den Herzen der Menschen schmelzen möge, damit sie sich ändern, denn nur so sind wir in der Lage, die kommenden klimatischen Veränderungen in der Welt zu bewältigen und zu überstehen.

Viele Gebete habe ich im Laufe der Jahre zum Schöpfer gesandt, denn so habe ich es von meiner Großmutter Aanakasaa gelernt. Viele tausend Male machten wir es gemeinsam, und sie sagte immer wieder: *Zeremonien sind nicht dazu da, andere zu beeindrucken. Zeremonien sollen lebendig werden, sie sollen Leben bekommen.*

Auch ich kann nicht zu jeder Gelegenheit ein Feuer in der Natur entfachen, und so lasse ich es manchmal einfach mental, vor meinem inneren Auge, entstehen.

ZEREMONIE ZUR KLÄRUNG UND ZUM LOSLASSEN

Ziehe dich einfach an einen ruhigen, ungestörten Ort zurück und setze oder lege dich bequem hin. Schließe die Augen und lass nun in deinem Inneren ein Bild von einem runden Feuerplatz entstehen, umgeben von schöner Natur. Faustgroße Steine bilden einen Kreis um das Feuerholz. Auf einem Hocker neben dem Feuerplatz liegen lange Streichhölzer, ein Beutel mit Tabak, Papier sowie ein Bleistift. Das Holz ist schon aufgeschichtet für dich.

Wenn du magst, sprich ein Gebet zu deinem Schöpfer und bitte ihn um Unterstützung für dieses Feuer. Sage ihm, was du vorhast: dass du vielleicht etwas loslassen, über eine bestimmte Sache nachdenken, für etwas um Hilfe bitten oder einfach ein Lied singen und dich am Feuer wärmen möchtest. Streue als Dank eine Prise Tabak über das Holz und dann entzünde es an dem Stroh, das unter und zwischen den Scheiten hervorschaut. Beobachte, wie es entflammt und zu einem leuchtenden, ruhig

flackernden Feuer wird. Nimm dir die Zeit, die du brauchst. Und wenn es so weit ist, dann tue, was du dir vorgenommen hast: Sprich dein Gebet des Herzens (Seite 36), singe dein Lied des Herzens (Seite 32), tanze, lade dir jemanden ein, mit dem du etwas besprechen möchtest, oder – wenn du etwas auf dem Herzen hast, was du loslassen willst – sprich deine Worte direkt in das Feuer hinein, damit der Rauch sie zum Schöpfer tragen kann. Du kannst sie auch auf das Papier schreiben, das auf dem Hocker liegt. Vielleicht hast du einen Gegenstand mitgebracht und möchtest ihn mit einem Gebet dem Feuer übergeben. Mit dem Rauch werden die Worte oder der Gegenstand zum Großen Einen aufsteigen, und ER wird sie genau dorthin führen, wohin sie gehören.

Spüre die Wärme des Feuers, denn es ist auch deine Wärme, deine Liebe für den Schöpfer, so wie auch das physische Feuer dein Feuer symbolisiert, deine Flammen der Liebe zu IHM. Bedanke dich dafür mit einer Prise Tabak oder etwas Erde, die du in das Feuer wirfst. Verweile noch ein wenig oder beende deine Zeremonie, die du lebendig hast werden lassen, so wie wir es in meiner Tradition tun.

DAS BRINGT DIESE ZEREMONIE IN DEIN LEBEN

Je nachdem, was du mit deiner Zeremonie bezwecken möchtest, kannst du Erleichterung, Freude, innere Zufriedenheit und Wärme erfahren. Kurz-, mittel- und langfristig wirst du immer besser in der Lage sein, Dinge loszulassen, über Gefühle zu sprechen, Gefühle zu empfinden, Fragen zu klären und auch zu kreativen Lösungen zu kommen. Du kannst deine innere Stärke spüren, und deine Gedanken werden weniger kreisen – aber denke daran: Nur die Regelmäßigkeit macht es.

DIE TROMMEL DES HERZENS

DIESE ZEREMONIE HILFT DIR: deine Gefühle wahrzunehmen und auszudrücken, zu Gelassenheit und Ruhe zu finden
DER RICHTIGE ZEITPUNKT: wann immer du deinen Gefühlen Ausdruck verleihen möchtest
SO VIEL ZEIT BRAUCHST DU: 20 bis 30 Minuten
DAS BENÖTIGST DU: eine Trommel und einen Ort, an dem du gut nach innen spüren kannst

DIE TROMMEL DES HERZENS

In meiner Tradition haben Trommeln unterschiedliche Bedeutungen: Es gibt das heilige Instrument, die Qilaut, die Windtrommel. Nur diejenigen, die darin über Jahre hinweg unterrichtet werden, können Träger einer Qilaut werden. Meine Großmutter Aanakasaa sagte: *Die Qilaut ist das Instrument des großen Himmels. Nur der Schöpfer hält den Griff in der Hand, und wenn er den Rand berührt, hört er den Herzschlag der Menschheit.* Die andere Trommel ist die normale Trommel. Mit ihr kannst du Zeremonien einleiten, die Ahnen anrufen, Trancen hervorrufen, schamanische Reisen begleiten oder auch deinem Herzschlag folgen.

Denk daran, was meine Großmutter Aanakasaa sagte: *Jedes Mal, wenn du mit dem Herzen redest, wird es zurücksprechen. Jetzt ist es für dich und mich an der Zeit zu lernen, unserem Herzen zuzuhören. Denn,* so sagte sie weiter, *das Herz spricht immer die Wahrheit.*

Und so erlernte ich mit der Zeit den Umgang mit meiner Trommel, lernte, sie jedes Mal sehr achtsam und mit großem Respekt zu behandeln, sie mit dem Herzen anzusehen und ihr ein Lächeln zu schenken. Jedes Mal, wenn ich sie zur Hand nehme, sehe ich vor meinem inneren Auge das Tier vor mir, das dieses Fell zur Verfügung gestellt hat, und ich bedanke mich dafür. Mit der ganzen Hand streiche ich über das Trommelfell, um mein Körperfett mit der Trommel zu verbinden, damit diese mich wiedererkennen kann. Und wenn auch du dich auf diese Weise mit deiner Trommel einlässt, entsteht nach und nach eine innige Verbindung zu ihr.

Je nachdem, wo und wie du die Trommel bespielst, erfreut sie dich mit einer Vielfalt an Antworten: sanft und leise, klangvoll singend bis hin zu kraftvollen, lauten und unmissverständlichen Aussagen. Genauso wie unser Herz. Auch dein Herz spricht auf unterschiedlichste Art und Weise zu dir. Erinnere dich, wie es ist, wenn es vor Liebe warm und kraftvoll pulsiert, oder an die schnellen und aufgeregten Schläge, wenn du verliebt bist. Wie schlägt es, wenn du ängstlich bist, wenn du dich sportlich betätigst, wenn du fröhlich und unbeschwert bist, wenn du dich sorgst, wenn du stolz auf dich bist? Dein Herz spricht immer zu dir, und es sagt dir immer die Wahrheit. Es zeigt dir, wo du stehst.

Und meine Großmutter Aanakasaa lehrte mich, das zu spüren. Sie hieß mich, dem Schlag meines Herzens mit meiner Trommel zu folgen. Indem ich so in Resonanz zu mir und meinem Herzen ging, konnte ich meine Schwingungen spüren und meine Emotionen betrachten. Und wenn du deine Emotionen anschaust mit deiner Trommel, kannst du dich entweder daran erfreuen oder aber sie nach einer gewissen Zeit loslassen und deine Mitte und Ruhe wiederfinden. So mache ich es schon seit vielen Jahren.

ZEREMONIE FÜR DIE BEGEGNUNG MIT DEN EIGENEN GEFÜHLEN

Bei dieser Zeremonie vereinfacht anfangs ein ruhiger, ungestörter Platz zu Hause die Durchführung. Setze dich bequem hin und nimm deine Trommel zur Hand. Schau sie an, spüre die Berührung mit ihr, streiche mit der flachen Hand über das Fell und bedanke dich bei ihr dafür, dass sie bei dir ist und dich nun begleiten wird. Dann schließe deine Augen für diese Welt, öffne dich innerlich und spüre eine Weile deinem Herzschlag nach. Lausche den Botschaften deines Herzens. Folge dann deinem inneren Gefühl mit dem Schlag auf die Trommel. Finde den Klang, der in diesem Moment passt. Das erreichst du, indem du die Trommel an unterschiedlichen Stellen anschlägst. Dreh sie langsam. Du wirst bemerken, wann du an der richtigen Stelle bist. Spüre deine Energie, deine Schwingung, den Rhythmus deines Herzens. Höre in dich hinein, lass die Klänge mit dir verschmelzen.

DIE TROMMEL DES HERZENS

Ist es Liebe und Freude, dann feiere mit deiner Trommel, lass dein Glück und deine Fröhlichkeit sprechen. Tanze dazu, wenn dir danach ist. Bist du traurig, dann weine. Gib dich ganz in dein Tun hinein, lass zu, was ist. Und irgendwann wirst du ganz von selbst bemerken, wie sich deine Gefühle verändern, wie du vielleicht ruhiger wirst. Und wenn du feststellst, dass es genug ist, dann beende deine Zeremonie und bedanke dich bei deinem Herzen und bei deiner Trommel.

DAS BRINGT DIESE ZEREMONIE IN DEIN LEBEN

Sie hält dich dazu an, deine Gefühle wahrzunehmen und auszuleben. Dadurch wirst du dir deiner selbst bewusster und erfährst zugleich mehr Gelassenheit im Umgang mit den Emotionen und mit dem Auf und Ab des Lebens. Du musst nichts mehr verbergen, und das ist erleichternd und setzt Energie für die Herausforderungen des Alltags frei. Mehr Ruhe stellt sich ein, wenn man die Zeremonie kontinuierlich durchführt. So ist es bei mir.

DIE SCHAMANISCHE WANDERUNG

DIESE ZEREMONIE HILFT DIR: Gefühle oder Fragen zu klären
DER RICHTIGE ZEITPUNKT: wann immer du ein Gefühl klären willst
SO VIEL ZEIT BRAUCHST DU: manchmal reichen 20 Minuten, dann wieder braucht es Stunden oder auch Tage
DAS BENÖTIGST DU: bequeme Kleidung und Schuhwerk, einen Spazier- oder Wanderweg in der Natur

Kreisen deine Gedanken auch manchmal um bestimmte Situationen, die dich wütend, traurig oder verzweifelt machen? Gefühle, die in dir rumoren, die du aber gar nicht zulassen magst? „Stell dich nicht so an" ist in solchen Momenten eine vermeintlich hilfreiche Aufforderung, die wir oft für uns selbst parat haben. Ich sage mir dann immer, dass ich ein starker Eskimo bin. Und so sprechen wir uns alle gerne die eigenen Gefühle ab: vom „Indianer, der keinen Schmerz kennt", bis hin zur Bagatellisierung, dass das „doch nun wirklich nicht so schlimm" sei. Wir nehmen uns selbst nicht mehr ernst und verlieren das Vertrauen in uns und unsere Fähigkeiten. Wohin das langfristig führt, erlebe ich leider seit Jahrzehnten in meiner schamanischen Heilarbeit: Wir schwächen uns selbst, verlieren an Klarheit, Kraft und Stärke, werden zögerlicher, handlungsunfähig oder im schlimmsten Fall sogar krank.

Denn Gefühle, die wir nicht zulassen wollen, zeigen langfristig auf andere Art und Weise, dass sie eben doch da sind. Das gilt sowohl für den kleinen Ärger, der sich, wenn er nicht beachtet wird, mit der Zeit zur großen Wut aufstaut, als auch für große schmerzhafte Schicksalsschläge wie den Verlust des Arbeitsplatzes, die Trennung vom Partner oder den Tod eines Angehörigen.

Auch vor den vermeintlich härtesten Männern unserer Gesellschaft machen Gefühle nicht halt: Lange Jahre habe ich als Heiler in einem kanadischen Männergefängnis mit sexuell missbrauchten Strafgefangenen gearbeitet. Mit ihnen bin ich auf die schamanische Wanderung gegangen. Anträge über Anträge mussten gestellt werden, bis wir in die Einsamkeit eines Nationalparks fahren konnten. Aber schließlich war die Genehmigung da: Gut gesichert und unter den wachsamen Blicken der Wärter haben wir den Weg so zurückgelegt, wie ich es von meiner Großmutter Aanakasaa gelernt habe und wie ich es dir unten beschreibe. Zuerst haben wir uns mit der Räucherzeremonie auf das Vorhaben eingestimmt und dann sind wir losgegangen, jeder einzeln für sich, Stunde um Stunde, und tief verborgene Geschichten kamen zutage. Weißt du, äußerlich waren diese Männer harte Kerle, aber als das Eis in den Herzen zu schmelzen begann, kam die innere Schönheit wieder zum Vorschein, eine unglaubliche Schönheit. Sie ist genauso in dir, in mir, in uns allen.

ZEREMONIE FÜR DIE BEGEGNUNG MIT SICH SELBST

Kleide dich dem Wetter entsprechend und achte darauf, dass du dich in deinen Kleidern wohlfühlst. Nichts sollte eng oder unbequem sein. Und nun gehe in die Natur, also in den Wald, auf die Felder, ans Wasser, je nachdem, wo du wohnst und welche Möglichkeiten du hast – und wo du dich wohlfühlst.

Gehe in Stille und ganz für dich, widme deine Aufmerksamkeit deinem Gefühl, deinem Thema, deiner Frage oder was immer es auch ist, was dich beschäftigt. Achte nicht auf andere Menschen: Sprich nicht, grüße nicht, lass dich nicht ansprechen – beschäftige dich ausschließlich mit dir und deiner Sache. Suche die Einsamkeit und die Begegnung mit dir. Nimm wahr, was in dir geschieht. Erlaube deinen Gefühlen, sich zu zeigen. Spüre sie, lass sie zu dir sprechen und betrachte aufmerksam, was in dir vorgeht. Weine, wenn du weinen möchtest, schrei, wenn dir danach ist, wirf dich ins Gras, strample mit Armen und Beinen, lache, springe, laufe. Was immer herauswill, lass es heraus. Und falls du dabei über den sprichwörtlichen Stein stolpern solltest oder deine Aufmerksamkeit auf einmal abgelenkt wird, dann frage dich, in welchem Moment das passiert ist. Was hast du gerade gefühlt oder gedacht? Beziehe es mit ein und gehe so lange in Stille weiter, bis du merkst, dass sich etwas ändert: dass dein Herz

DIE SCHAMANISCHE WANDERUNG

leichter und dein Kopf klarer, dein Atem fließender und deine Schritte beschwingter werden. Manchmal wird sich schneller etwas tun, manchmal braucht es länger. Das hat nichts mit Richtig oder Falsch, Können oder Versagen zu tun. Der Schöpfer hat es einfach so eingerichtet, dass alles seine eigene Zeit braucht, seinen eigenen Rhythmus hat. Die Veränderung geschieht in dir, worin auch immer sie besteht. Nur uns selbst können wir verändern. So wie meine Großmutter mich lehrte: *Frieden beginnt nicht irgendwo da draußen. Er beginnt hier – in deinem Herzen.*

DAS BRINGT DIESE ZEREMONIE IN DEIN LEBEN

Wenn du dieses Wandern in der Stille regelmäßig ausführst, wirst du bald feststellen, dass dich ungelöste Fragen oder unbequeme Gefühle nicht mehr schrecken, sondern zu einer lösbaren Herausforderung werden. Du wirst spüren, wie deine innere Kraft und dein Vertrauen in dich selbst wachsen. Du wirst ruhiger und gelassener, denn du wirst dir bewusst, dass du mit jeder Lebenslage kompetent umgehen kannst.

VOM MOND

DIESE ZEREMONIE HILFT DIR: deine Stärken und Schwächen zu erkennen, anzunehmen und, wenn du möchtest, zu verändern
DER RICHTIGE ZEITPUNKT: bei Vollmond, aber auch zu anderen Mondphasen
SO VIEL ZEIT BRAUCHST DU: 15 bis 20 Minuten
DAS BENÖTIGST DU: einen ruhigen Ort zu Hause oder draußen in der Natur

VOM MOND

Oft hat meine Großmutter Aanakasaa uns die Geschichte von dem Menschen erzählt, der ein Gespräch mit dem Mond führte. Der Mensch fragte ihn, was denn sein Zweck sei. Und eines Tages erhielt er die Antwort: „Ich bringe euch das Licht", sagte der Mond.

Da erwiderte der Mensch: „Aber du bringst uns nicht die Wärme."

„Ich bringe euch das Licht der Sonne", antwortete der Mond.

„Aber du bringst keine Wärme, wovon also sprichst du?", insistierte der Mensch erneut.

Der Mond dachte nach und sagte: „Ich halte die Meere am Leben."

„Und wie machst du das?", fragte der Mensch.

„Ich bringe euch Ebbe und Flut, dadurch leben die Meere und geben euch eure Nahrung."

Der Mensch hatte es noch nie so betrachtet und war sehr beeindruckt. Dadurch fasste der Mond mehr Mut und sagte zu dem Menschen: „Weißt du, durch mich haben die Frauen die Mondzeit, ihren Zyklus, und nach der Mondzeit kann die nächste Generation geboren werden."

Der Mensch war von diesem Vermögen des Mondes noch mehr beeindruckt. Der überlegte indes, was er noch zu sagen hatte: „Und in der allerdunkelsten Zeit deines Lebens komme ich und leuchte auf dich, so dass du immer Hoffnung haben wirst."

Da bedauerte der Mensch, dass er den Mond so verkannt hatte, und aus Dankbarkeit sang er ihm ein Lied.

Diese Geschichte hörten wir viele Male, und noch heute denke ich jedes Mal an sie, wenn ich zum Mond schaue. Im Mond erkenne ich mich wieder. Ist er groß und rund am Himmel, dann sehe ich auf ihm seine Krater und seine Bergrücken, die Höhen und Tiefen, die sich auch in meinem Leben wiederfinden. Sie werfen Schatten, so wie auch ich meine Zweifel habe. Und dann erstrahlt der Mond wieder in silbrigem Licht – so wie auch ich durch ein starkes Bewusstsein leuchte.

Manchmal sieht man ihn nur halb. Ja, auch ich zeige mich nicht immer ganz. Und manchmal ist er sogar verschwunden, so wie auch ich mich manchmal zurückziehe. Dann wiederum wächst er und wird von Tag zu Tag größer, so wie hoffentlich auch ich zur nächsten Ebene wachse, mich immer weiterentwickle.

Das ist mein Bild vom Mond, so habe ich es von meiner Großmutter gelernt. Und wenn die Nacht des Vollmonds ist, dann führe ich meine Zeremonie durch. Ich entfache ein Feuer in der Natur und singe dem Mond ein Lied, so wie die Männer aus der Geschichte. Aber das ist nicht alles: Ich betrachte den Mond in seiner ganzen Fülle, sehe seine Licht- und seine Schattenseiten, seine Höhen und seine Tiefen. Und ich meditiere über mich und stelle fest, dass es immer Hoffnung gibt.

ZEREMONIE ZUR AUSEINANDERSETZUNG MIT DEN EIGENEN LICHT- UND SCHATTENSEITEN

Ich praktiziere diese Zeremonie seit Jahren, und sie hat mir vieles über mich gezeigt. Du kannst sie zu Hause an einem ruhigen, ungestörten Ort durchführen oder auch in die Natur gehen. Setze oder stelle dich bequem hin, die Füße hüftbreit aufgestellt, die Knie locker. Schließe nun deine Augen für diese Welt und öffne dich innerlich. Wenn du bereit bist, öffne deine Augen und singe dem Mond ein Lied (Seite 32). Verbinde dich mit ihm. Betrachte seine Oberfläche, seine Krater, seine Licht- und Schattenseiten. Und dann frage dich: Welches sind meine Krater? Fang am besten ganz klein an – vielleicht nur mit dem gestrigen Tag. Welche Schattenseiten gab es? Was hast du daraus gelernt? Was kannst du verändern? Alleine oder mit Unterstützung? Welche deiner Lichtseiten hast du gestern zum Strahlen gebracht? Wie genau hast du es getan? Wie kannst du es öfter tun? Und wann?

VOM MOND

Wenn kein Vollmond ist: Was bringt diese Mondphase über dich zum Ausdruck? Worin erkennst du dich wieder? Höre auf deine Intuition, auf die Antworten, die aus deinem Inneren aufsteigen. So wirst du erfahren, was zu tun ist. Wenn es für dich an der Zeit ist, beende die Zeremonie mit einem Dank und hauche ihr den Atem des Lebens ein (Seite 57).

DAS BRINGT DIESE ZEREMONIE IN DEIN LEBEN

Du wirst dich selbst besser kennenlernen, deine Stärken, deine Schwächen. Und du wirst beginnen, etwas für deine Weiterentwicklung zu tun. Je geübter du durch die Praxis wirst, desto mehr wirst du dich akzeptieren – so wie du bist. Das verleiht dir Selbstvertrauen und Selbstbewusstsein. So wirst du deiner Bestimmung, aufrecht und kraftvoll durchs Leben zu gehen, immer näher kommen.

VOM GESCHICHTENERZÄHLEN

DIESE ZEREMONIE HILFT DIR: das Schöne in deinem Leben zu sehen, aus Erfahrungen zu lernen, zu mehr Selbstbewusstsein zu finden
DER RICHTIGE ZEITPUNKT: wann immer du etwas mehr über dich erfahren willst
SO VIEL ZEIT BRAUCHST DU: je nach Länge deiner Geschichte, mindestens 15 Minuten
DAS BENÖTIGST DU: einen ungestörten und ruhigen Ort, eine Kerze

VOM GESCHICHTENERZÄHLEN

In meiner Familie hat das Geschichtenerzählen Tradition. Wir hatten keinen Fernseher, kein Radio oder Telefon, ganz zu schweigen vom Internet. Also kamen wir fast jeden Abend zusammen und erzählten uns die Geschichten des Tages. Mein Vater erzählte, was er erlebt hatte, meine Mutter, Tanten und Onkel das Ihre und dann wir Kinder. Das war die eine Art von Geschichten. Dann gab es noch die Geschichten, welche die Alten erzählten: über das Leben, über die Lehren, von der Freude, von glücklichen und von schweren Zeiten. In unserer Eskimowelt gab es viele talentierte Erzähler. Sie gestalteten alles derart lebendig, so echt und spannend, dass wir gar nicht müde wurden zuzuhören. Auch die Art des Vortragens, Gestik und Mimik, das Stirnrunzeln oder Lachen waren Teil der Erzählung. Manche Geschichten waren für uns Kinder nicht so spannend, und ich erinnere mich, dass ich mich manchmal beschwerte, ob wir nicht etwas anderes hören könnten, aber meine Großmutter Aanakasaa sagte stets: *Höre, höre – und dann höre noch mehr, bis die Geschichte ein Teil von dir wird. Dann, nur dann kannst du die Geschichte in deiner Welt erzählen, deiner kraftvoll schönen Welt.* Damit brachte sie uns die Kunst des Zuhörens bei. Und mit der Zeit verstand ich, dass sich mir durch das aufmerksame Zuhören jedes Mal andere Dinge erschlossen.

In der heutigen Welt wandeln sich die Geschichten sehr, sehr schnell. Den lieben langen Tag werden wir beschallt von Meldungen in unzähligen Medien und genauso auf zig Kanälen. Du hörst die Nachrichten, und sie gehen auf der einen Seite in dein Ohr hinein und auf der anderen Seite wieder heraus.

Meine Großmutter sagte: *Erzähle die Geschichten tausendmal. Dann haben sie die Möglichkeit, in dir zu leben.* Erst dann erschließen sie sich dir, erst dann bist du in der Lage, sie zu ergründen, ihre Lehren zu verstehen. Und so werden sie zu einem Teil von dir, und indem du sie selbst erzählst, verleihst du ihnen neues Leben.

Es gibt viele Beispiele in unserer Welt: Märchen, Sagen, Legenden, religiöse Überlieferungen wie die Bibel, die Thora, den Koran und andere heilige Schriften. Deine Familie, deine Eltern, Groß- und Urgroßeltern: Woher kommen sie, wie lebten sie, was haben sie dich gelehrt? Wie lauten ihre Geschichten? Hast du ihnen zugehört? Sind sie zu einem Teil von dir geworden? Erzählst du sie weiter?

Und schließlich die Frage: Welche Geschichten erzählst du über dich? Hast du schon einmal darüber nachgedacht? Es sind nicht immer nur die mündlich weitergegebenen Geschichten: Deine Körperhaltung, deine Art zu gehen, dich zu bewegen, zu stehen, zu lachen, zu schauen, zu gestikulieren – auch das sind deine Geschichten. Du hast sie wahrscheinlich schon Tausende von Malen erzählt, ohne dir darüber klar zu sein. Du bist deine Geschichte. Und indem du sie wieder und wieder erzählst, erweckst du sie zum Leben – sei es mit Worten oder auf andere Weise.

Du siehst, Geschichten haben viele Facetten. Und darum denke darüber nach: Welche Geschichte erzählst du von dir? Oder vielleicht stelle ich die Frage anders: Welche Geschichte willst du von dir erzählen? Welcher Geschichte willst du Leben schenken? Um das zu klären, möchte ich meine Zeremonie mit dir teilen.

ZEREMONIE FÜR DIE PERSÖNLICHE GESCHICHTE

Nimm Platz an einem ruhigen Ort, an dem du nicht gestört wirst. Zünde eine Kerze für dich an. Schließe die Augen für diese Welt und öffne dein Herz innerlich. Und nun erzähle dir deine eigene Geschichte: Geh langsam vor. Wähle die Sequenz deines Lebens, die dir gerade einfällt oder die du dir erzählen möchtest. Erzähle dir die Begebenheit laut oder auch leise,

VOM GESCHICHTENERZÄHLEN

bis in alle Details, beleuchte die schönen, freudigen und glücklichen Momente ebenso wie lustige oder freche, wilde, traurige oder schmerzhafte. Denke daran: Jede Medaille hat zwei Seiten, wo Schatten ist, da ist auch Licht. Frage dich, was du gelernt hast. Untersuche, welche Qualitäten du für dich ausbauen möchtest, was dir fehlt und wie du es anstellen wirst, um genau das zu einem festen Bestandteil deines Lebens zu machen. Und dann schließe deine Zeremonie ab, indem du ihr den Atem des Lebens einhauchst (Seite 57) und sie loslässt.

Und solltest du Töchter und Söhne haben, Neffen und Nichten oder Enkelkinder, dann lasse die Tradition des Geschichtenerzählens mit ihnen wieder aufleben. Erzähle ihnen von dir und höre, was sie dir für Geschichten erzählen.

DAS BRINGT DIESE ZEREMONIE IN DEIN LEBEN

Die Auseinandersetzung mit dir und mit deinem Leben wird dir neue Einsichten bringen. Du wirst zunehmend bewusster mit deinen Erfahrungen umgehen, daraus lernen und Veränderungen vornehmen können. Du wirst feststellen, dass du viele Herausforderungen exzellent gemeistert hast. Deine eigenen Lehren werden dich auf deinem weiteren Weg unterstützen und dein Selbstbewusstsein erneuern.

DIE TRÄNEN VERBRENNEN

DIESE ZEREMONIE HILFT DIR: Schmerzhaftes loszulassen, Neues zu beginnen
DER RICHTIGE ZEITPUNKT: wann immer du deine Traurigkeit hinter dir lassen willst
SO VIEL ZEIT BRAUCHST DU: rund 20 Minuten
DAS BENÖTIGST DU: Taschentücher, einen feuerfesten Behälter, Streichhölzer, eventuell eine Kerze, einen ruhigen und ungestörten Ort

DIE TRÄNEN VERBRENNEN

Ende der Neunzigerjahre veranstaltete ich in Kanada eine zehntägige Zeremonie. Hintergrund war die Zwangsumsiedlung verschiedener Inuit-Eskimo-Stämme durch die kanadische Verwaltung. Diese Stämme lebten einst verstreut im arktischen Kanada. Sie hatten ihre Heimat- und Wohnorte verlassen müssen und waren zu einem großen Dorf mit 900 Menschen zusammengeführt worden. Viele von ihnen waren entwurzelt, alle mussten sich zu einer neuen Dorfgemeinschaft zusammenfinden, die um vieles größer war als die ursprüngliche Siedlung. Zuvor hatten sie in winzigen Gruppen mit manchmal nicht mehr als 20 Personen gelebt.

Und so war ich gerufen worden, um die Menschen zu unterstützen und sie miteinander zu verbinden. Zu diesem Zweck wollte ich die Zeremonie durchführen. So errichtete ich als Erstes einen großen Feuerplatz und entzündete dann das heilige Feuer, das während der gesamten Zeit brennen sollte. Nach und nach zeigten sich die Dorfbewohner: Am ersten Tag waren es nur eine Handvoll von ihnen. Wir setzten uns in Stille um das Feuer, jeder in Gedanken versunken, mit sich selbst beschäftigt. Ich führte die Räucherzeremonie durch, sprach laut Gebete am Feuer und bat den Schöpfer um seine Unterstützung. Das Feuer loderte Tag und Nacht, und immer mehr Menschen kamen.

Ich begann von meinen eigenen Sorgen zu sprechen, von meinen Kindern und von allem, was mich bewegte. Alle waren mucksmäuschenstill. Als ich geendet hatte, hob eine Älteste an zu sprechen. Sie erzählte davon, wie traurig ihr Herz sei, weil sie ihre Heimat hatte verlassen müssen, den Ort, an dem sie geboren worden war und so lange Jahre zugebracht hatte. Sie ließ die anderen teilhaben an ihrer Angst, sich nicht einfinden zu können in dem neuen Dorf, und dass so viele Menschen an einem Ort sie erschreckten. Damit war der Damm gebrochen: Nacheinander erzählten die Männer und Frauen von ihren Sorgen, Ängsten und Nöten, von großer Traurigkeit, die sie im Herzen trugen, aber auch von ihren Sehnsüchten.

Hier am Feuer trafen sich auch die Menschen zweier miteinander verfeindeter Siedlungen. In einer Nacht-und-Nebel-Aktion hatten einst die Männer der einen Siedlung die Frauen der anderen Siedlung geraubt und sie zwangsverheiratet, weil es bei ihnen zu wenig Frauen gab. Nun saßen sie hier und stellten fest, dass sie ja eigentlich miteinander verwandt waren und dass ihre Kinder und Kindeskinder einander nie kennengelernt hatten. Der Schmerz saß tief in ihnen. Viele Tränen wurden in jenen zehn Tagen geweint. Ich hatte große Säcke aufgestellt und meine Landsleute aufgefordert, ihre Tränentücher zehn Tage lang in diesen Säcken zu sammeln. Am letzten Tag nach dem Essen kamen wir alle am Feuer zusammen. Ich erzählte ihnen von meiner Großmutter Aanakasaa, die immer sagte: *Die Zeit in deinem Leben wird kommen, wo du dich entscheiden musst, welchen Weg du nimmst. Jeder Weg ist tatsächlich eine schwierige Entscheidung. Das sind die Zeiten, wo die Sterne am großen Himmel und die Schatten unserer Vorfahren in den Polarlichtern stillstehen und dir zuschauen, für welchen Weg du dich entscheidest.*

Dann lud ich alle zu der Zeremonie des Loslassens ein, zum Verbrennen ihrer Tränen im Feuer. Sie verstanden, dass sie entweder ihren Erinnerungen verhaftet bleiben, in ihrem Schmerz und ihrer Traurigkeit festhängen oder aber den neuen Weg der Gemeinschaft und der Verbundenheit gehen konnten. Sie hatten die Wahl. Schließlich stand die Zweitälteste der Frauen auf: Sie war über 90 Jahre alt und eine der geraubten Frauen. Sie nahm eine Handvoll Taschentücher aus dem Sack, sprach ein Gebet und verbrannte die geweinten Tränen als Zeichen des Loslassens der Vergangenheit im Feuer. Sie gab ihrem Tun den Atem des Lebens, und so konnte der Rauch die Tränen zum Schöpfer geleiten.

Unter diesen Gebeten waren die intensivsten und wahrhaftigsten Gebete, die ich je gehört habe. Sogar die Kinder wurden still. Irgendwie spürten sie, dass etwas sehr Bedeutungsvolles passierte.

DIE TRÄNEN VERBRENNEN

ZEREMONIE FÜR EINEN NEUBEGINN

Wann immer du deinem Kummer, deinen Sorgen oder deiner Traurigkeit durch Tränen freien Lauf lässt, sammle deine Tränentücher in einem feuerfesten Behälter oder einer Tüte. Wenn sich einige angesammelt haben, nimm Platz an einem ruhigen, ungestörten Ort. Wenn du magst, kannst du auch einen Altar bereiten (Seite 40) oder eine Kerze entzünden. Dann öffne dein Herz innerlich und lass mit einem Gebet deine Nöte oder deinen Kummer los, indem du die Taschentücher in dem Behälter verbrennst. Alles, was du mit deinem Herzen zum Ausdruck bringst, ist ein Gebet. Lass alles los, wovon du dich befreien möchtest, und gib ihm deinen Atem des Lebens (Seite 57) als Zeichen für den Neubeginn. Beende deine Zeremonie mit einem Dank.

DAS BRINGT DIESE ZEREMONIE IN DEIN LEBEN

Je regelmäßiger du diese Zeremonie durchführst, desto mehr erlernst du, dich vom Anhaften an das Alte zu befreien. Es gelingt dir mit zunehmender Leichtigkeit, die Dinge, die dir Kummer bereiten, hinter dir zu lassen. So kannst du deine Energien neu ausrichten, wirst kraftvoller und positiver. Du wirst Neuem freudig entgegensehen.

VOM SCHLAFENGEHEN

DIESE ZEREMONIE HILFT DIR: den Tag gut abzuschließen, Lernerfahrungen zu integrieren, dein Tun mit Wertschätzung zu betrachten, eine liebevollere Beziehung zu dir aufzubauen
DER RICHTIGE ZEITPUNKT: vor dem Einschlafen
SO VIEL ZEIT BRAUCHST DU: 15 Minuten zur Reflexion am Abend, 3 Minuten vor dem Einschlafen
DAS BENÖTIGST DU: Papier und Stift

VOM SCHLAFENGEHEN

Bis zur Umsiedlung durch die dänische Regierung lebten meine Familie und ich inmitten der grönländischen Weite in Übereinstimmung mit dem Rhythmus der Natur. Die Jahreszeiten, die Sonne und der Mond bestimmten, wann wir aufstanden, wann gefischt oder gejagt wurde, wann wir zu Bett gingen. Diese Verbundenheit mit allem, was uns umgab, habe ich bis zu meinem zwölften Lebensjahr miterlebt. Die Zeremonien meiner Mutter Aanaa Aanaqqii und meiner Großmutter Aanakasaa trugen das Ihre dazu bei, dass ich alles sehr bewusst wahrzunehmen lernte. Unser Qammaq, das Erdhaus, in dem wir wohnten, war nicht sehr groß, es gab keine Rückzugsmöglichkeit so wie heute, wo die Häuser und Wohnungen viele Zimmer haben. Und so hatten wir mit Selbstverständlichkeit an allem teil: Sorgen, Nöten, Freude, Glück und Liebe. Unser gemeinsamer Tag begann mit der Begrüßung des Tages und nahm sein Ende mit der Zeremonie zum Schlafengehen. Wir hatten keine Uhren, aber wir wussten immer, wie spät es war. Am Licht des Himmels konnte ich erkennen, wann es an der Zeit war, nach Hause zu gehen. Das Licht des Himmels diente den Ältesten dazu, den Zeitpunkt für den Aufbruch zur Jagd zu bestimmen, und meine Mutter und meine Großmutter legten nach ihm die Heilsitzungen für ihre Patienten fest.

Wir hatten nicht viel, aber die Natur gab uns alles, was wir benötigten. Und so wuchs ich in einer sehr behüteten und zugleich sehr zur Selbstständigkeit erziehenden Welt auf. Ich lernte die Gesetze der Natur kennen, ihre Zeichen, ihre Sprache. Wenn du wüsstest, wie froh und dankbar ich bin, dass ich all das erlernen und erleben durfte!

Das Leben in der Natur hat mich geprägt. Weißt du, auf wie viele unterschiedliche Arten Schnee riechen kann oder auch der Regen? Es sind ganz bestimmte Gerüche, die dir in die Nase steigen, und du weißt sofort: Es wird schneien. Das Knirschen auseinanderbrechender Eisplatten auf dem Wasser, das Pfeifen des Schneesturmes, wenn er im Winter über Eis und Steppe fegt. Das Heulen der Hunde in der Nacht, das eisige Prickeln von minus 50 Grad Kälte auf dem Gesicht. Und dann, ganz langsam – du glaubst es kaum – die Anzeichen, dass sich der Winter langsam verabschiedet: Der Mond zieht andere Bahnen, die Polarlichter tanzen wie erleichtert neue Tänze, der Schnee und das Eis verändern ihre Struktur. Und so erkennen wir die Zeichen und wissen, dass die Sonne bald wieder über dem Horizont zu sehen ist. Es ist wie ein Aufatmen, das Tiere und Menschen vereint: Die dunkle Jahreszeit ist vorbei. Und mit zunehmender Helligkeit kommen die Vögel und bevölkern die Felsvorsprünge der Berge, die ersten Wale erscheinen mit dem Schmelzen des Eises auf dem Meer, die Eisbären sammeln neue Kräfte, um in Eislöchern nach Robben zu jagen. All das ist so unbeschreiblich schön, diese ganz besonderen Stimmungen der Jahreszeiten!

Und genauso der Ablauf des Tages vom Beginn des Morgens an bis tief in die Nacht. Am Abend, kurz bevor die Luft anfing, sich gleichsam zur Ruhe zu setzen, wenn die Vögel noch einmal ihr gemeinsames Konzert anstimmten, die Sonne im Sommer hinter dem Berg verschwand und nur ihr fahles Licht zurückließ, dann wussten wir als Kinder, dass es Zeit war für unsere Zeremonie zum Schlafengehen. Und so bedankten wir uns für alles, was uns der Tag beschert hatte, für alles, was wir gelernt und erfahren hatten. So taten wir es in unserer Familie.

ZEREMONIE FÜR EINEN GUTEN TAGESABSCHLUSS

Mein Vater fragte mich jeden Abend: *Angaangaq, was hast du heute gelernt?* Und dazu möchte ich auch dich einladen. Setze dich an einem ruhigen und ungestörten Ort bequem hin und lass den Tag Revue passieren.

VOM SCHLAFENGEHEN

Nimm Papier und Stift zur Hand und notiere drei Dinge, die du erfolgreich gemacht hast, und drei Dinge, die du gelernt hast. Wenn du dann am Abend in deinem Bett liegst, öffne dein Herz und bedanke dich dafür, dass du diesen Tag hast erleben dürfen. Strecke deine Arme in die Höhe und umarme dich. Bedanke dich bei dir dafür, dass du diese drei Dinge gut gemacht hast, dir diese drei Lernerfahrungen für dein Leben erlaubt hast, dafür, dass du da bist, und dafür, dass du jetzt tief und fest schlafen wirst bis zum Morgen.

DAS BRINGT DIESE ZEREMONIE IN DEIN LEBEN

Du wirst deine eigenen Stärken zunehmend bewusster wahrnehmen und auch wertschätzen, lernst, knifflige Situationen als Lernerfahrung und Bereicherung zu sehen. Mit dem Ergebnis, dass du problematischen Angelegenheiten gelassener gegenübertrittst und dich Herausforderungen leichter zu stellen bereit bist. Deine Beziehung zu dir selbst wird sich verändern, du wirst beobachten, wie du dich entwickelst, und liebevoller mit dir umgehen. Und auf lange Sicht wird sich dein Schlaf verbessern.

NACHWORT

DAS ABENTEUER LEBEN

Liebe Leserin, lieber Leser,
nun sind wir ein Stück Weg zusammen gegangen. Ich habe viel von mir erzählt, von meiner Familie, von den Weisheiten meiner Ahnen. Und von den Zeremonien, die mich durch mein Leben begleiten, damals wie heute.

Mein Vater Aataa Aataqqii sagte stets: *Geh zum höchsten Punkt in deinem Leben und du wirst sehen: Es gibt viele Möglichkeiten. Wenn du dich für einen Weg entschieden hast, geh ihn bis ans Ende. Sieh dich nicht um, denn wenn du dich umdrehst und sagst: „Schaut, ich bin auf dem richtigen Weg", so wirst du stolpern und du musst von Neuem beginnen. Geh den Weg bis ans Ende und du wirst zu dir selbst nach Hause kommen.*

Und so war es. Ich bin meinen Weg noch lange nicht zu Ende gegangen, aber je weiter ich komme, desto mehr verstehe ich, was mein Vater meinte. Zeit meines Lebens habe ich mich kontinuierlich weiterentwickelt, bin beständig auf meiner Spur geblieben und habe dabei mehr und mehr zu mir gefunden.

Vergiss nicht: Dein Leben ist ein Geschenk. Du allein trägst die Verantwortung dafür. Folge deiner Intuition, vertraue dir selbst, ohne zu zweifeln. Sei einfach mutig und nimm deine eigene Unermesslichkeit an. Sie ist nicht da draußen im Universum oder am Himmel, sie ist in dir.

Und je öfter du dich in deinen Handlungen als mutig erfährst, desto mehr bist du es und wirst auch von anderen als mutig wahrgenommen. Geh freudestrahlend aus dem Haus, und deine Umgebung wird zurückstrahlen. Akzeptiere dich selbst, und du wirst von anderen akzeptiert werden. Glaube an dich, und andere werden es dir gleichtun. Indem du dich änderst, wird sich deine Umgebung ändern, denn alles, was es braucht, bist du. Ist das nicht eine wunderbare Nachricht?

Sich selbst zu entdecken ist ein Abenteuer. Und dieses Abenteuer dauert an, ein Leben lang. Es ist ein ständiger Prozess. Wenn du ihn mit Neugier und Freude angehst, wird er zu einer schönen Erfahrung. Lass dich von nichts und durch niemanden aufhalten, am allerwenigsten von dir selbst.

Je weiter du voranschreitest, desto mehr kannst du zum Begleiter für andere werden. In meinen Seminaren frage ich manchmal, wer außer mir noch Probleme hat. Und weißt du was? Fast alle melden sich. Darum ist es so wichtig, anderen deine unterstützende Hand zu reichen. Wir alle brauchen jemanden, der uns hilft, den Weg zu uns selbst zu finden, jemanden, der uns von seinen eigenen Irrtümern erzählt, und von dessen Erfahrungen wir lernen können. Und so schließt sich der Kreis, der keinen Anfang und kein Ende hat, dem wir alle zugehören.

Gehe auf gute Weise. Gehe aufrecht und kraftvoll, entsprechend deiner Bestimmung – für alle Zeiten. So hat es meine Großmutter Aanakasaa immer ausgedrückt. Wenn du deine Bestimmung erfüllst, dann kannst du für andere zum Beispiel werden. Ist das nicht eine wundervolle Aufgabe?

In Einheit,
Angaangaq Angakkorsuaq – Der Mann, der aussieht wie sein Onkel

ZUM NACHSCHLAGEN

DIE ZEREMONIEN NACH THEMENBEREICHEN

FÜR EIN LEICHTERES, FREUDVOLLERES LEBEN UND UM HERAUSFORDERUNGEN BESSER ZU BEWÄLTIGEN

Zeremonie für einen guten Tagesbeginn | 20
Zeremonie für die Glücksmomente des Tages | 24
Zeremonie zum Öffnen des Herzens | 28
Zeremonie für den liebevollen Umgang mit sich selbst | 44
Zeremonie zur Feier der eigenen Schönheit | 48
Zeremonie für einen guten Tagesabschluss | 100

FÜR MEHR RUHE UND ENTSPANNUNG UND UM SICH BESSER ZU ZENTRIEREN

Zeremonie für den eigenen Heilgesang | 32
Zeremonie für die Begegnung mit dem Schöpfer und sich selbst | 36
Zeremonie für die Begegnung mit den Dingen des Lebens | 40
Zeremonie für den achtsamen Umgang mit den Dingen des Lebens | 52
Zeremonie zur Reinigung, Klärung und Einstimmung | 60
Zeremonie für einen guten Tagesabschluss | 100

FÜR DIE INNERE REINIGUNG UND FÜR MEHR KLARHEIT

Zeremonie zur Reinigung, Klärung und Einstimmung | 60
Zeremonie zur Fokussierung, Konzentration und Klärung | 64
Zeremonie zum Loslassen | 68
Zeremonie für einen guten Tagesabschluss | 100

ZUR FOKUSSIERUNG, KONZENTRATION UND KLÄRUNG

Zeremonie zum Loslassen | 68
Zeremonie zum Verändern der Energie | 72
Zeremonie für die Begegnung mit den eigenen Gefühlen | 80
Zeremonie für die Begegnung mit sich selbst | 84
Zeremonie zur Auseinandersetzung mit den eigenen Licht- und Schattenseiten | 88

ZUR BEGEGNUNG MIT SICH SELBST UND ZUR PERSÖNLICHKEITSENTWICKLUNG

Zeremonie für den liebevollen Umgang mit sich selbst | 44
Zeremonie zur Feier der eigenen Schönheit | 48
Zeremonie für die Begegnung mit sich selbst | 84
Zeremonie zur Auseinandersetzung mit den eigenen Licht- und Schattenseiten | 88
Zeremonie für die persönliche Geschichte | 92
Zeremonie für einen guten Tagesabschluss | 100

ZUM LOSLASSEN VON GEWOHNHEITEN UND ERINNERUNGEN, ABER AUCH VON STRESS

Zeremonie, um etwas zum Leben zu erwecken | 57
Zeremonie zur Reinigung, Klärung und Einstimmung | 60
Zeremonie zum Loslassen | 68
Zeremonie zum Verändern der Energie | 72
Zeremonie zur Klärung und zum Loslassen | 76
Zeremonie für einen Neubeginn | 97
Zeremonie für einen guten Tagesabschluss | 100

FÜR EINEN NEUBEGINN

Zeremonie für einen guten Tagesbeginn | 20
Zeremonie für die Glücksmomente des Tages | 24
Zeremonie, um etwas zum Leben zu erwecken | 57
Zeremonie für einen Neubeginn | 97
Zeremonie für einen guten Tagesabschluss | 100

ZUM NACHSCHLAGEN

BÜCHER UND ADRESSEN, DIE WEITERHELFEN

BÜCHER

Angaangaq, Babel, Angela und Nieder, Sven: *Heiliges Feuer – Schamanen und Älteste für die Welt,* Aurum Verlag

Angaangaq: *Schmelzt das Eis in euren Herzen! Aufruf zu einem geistigen Klimawandel,* Kösel Verlag

von Lüpke, Geseko: *Altes Wissen für eine neue Zeit – Gespräche mit Heilern und Schamanen des 21. Jahrhunderts,* Kösel Verlag

Melchior, Gerda und Schütz, Volker: *Jane's Journey – Die Lebensreise der Jane Goodall,* Hansanord Verlag

Narby, Jeremy: *Die kosmische Schlange – Auf den Pfaden der Schamanen zu den Ursprüngen modernen Wissens,* Klett-Cotta Verlag

Ruiz, Miguel: *Die vier Versprechen – Ein Weg zur Freiheit und Würde des Menschen,* Ullstein Verlag

... AUS DEM GRÄFE UND UNZER VERLAG

Cheung, Awai: *Die Qi-Formel – Die fünf Geheimnisse der inneren Zufriedenheit*

Daiker, Ilona: *Buddhas 3 Fragen*

Limmer, Stefan: *Schamanische Seelenreisen*

Mannschatz, Marie: *Buddhas Anleitung zum Glücklichsein*

Mannschatz, Marie: *Mit Buddha zu innerer Balance*

Späth, Dr. Thomas und Bao, Shi Yan: *Shaolin – Das Geheimnis der inneren Stärke*

Sriram, R.: *Wünsche dir alles, erwarte nichts und werde reich beschenkt*

ADRESSEN

Angaangaq Angakkorsuaq
Schamane
www.icewisdom.com

Förderverein Aanakasaap Illua
Heilzentrum auf Grönland
www.icewisdom.com/ai

Angela Babel
Life Coach
Louise-Dumont-Str. 31
40211 Düsseldorf
www.angelababel.de

Oona Soleil Leibundgut
Assistentin von Angaangaq
Angakkorsuaq, Medizinfrau in der
24. Generation nach Xotchel Almenda,
Weisheitshüterin und Seminarleiterin
www.oonasoleil.com

DIE AUTOREN

ANGAANGAQ, geboren 1947, trägt den Ehrentitel Angakkorsuaq – Großer Schamane. Er ist Angehöriger der westgrönländischen Kalaallit-Eskimos, Ältester und traditioneller Heiler und wurde schon als Kind von Mutter und Großmutter auf seine Aufgaben vorbereitet. Mit seiner Arbeit überwindet er Grenzen zwischen Kulturen und bringt mündlich überlieferte Heiltraditionen und die jahrtausendealte Weisheit seiner Kultur in die moderne Zeit. Angaangaq ist ein international gefragter Repräsentant indigener Völker. Er hält weltweit Vorträge und leitet Seminare, Heilkreise sowie intensive Weiterbildungen, auch in Deutschland, Österreich und der Schweiz.

ANGELA BABEL begleitet Menschen in Veränderungsprozessen. Als Coach bündelt sie ihre breite Methodenkompetenz und langjährige Erfahrung im internationalen Management mit Herz und Verstand zu einem ganzheitlichen Ansatz. Besonders interessiert sie das alte überlieferte Wissen der Schamanen. 2007 traf sie erstmals Angaangaq. Aus der Zusammenarbeit mit ihm und vielen Gesprächen mit bedeutenden Schamanen aus verschiedenen Ländern entstand das Buch *Das Heilige Feuer*. Für das vorliegende Buch brachte sie Angaangaqs Gedanken und sein Wissen zu den überlieferten Zeremonien zu Papier.

IMPRESSUM

© 2012 GRÄFE UND UNZER VERLAG GmbH, München

Alle Rechte vorbehalten. Nachdruck, auch auszugsweise, sowie Verbreitung durch Bild, Funk, Fernsehen und Internet, durch fotomechanische Wiedergabe, Tonträger und Datenverarbeitungssysteme jeder Art nur mit schriftlicher Genehmigung des Verlags.

Projektleitung: Anja Schmidt
Lektorat: Daniela Weise
Bildredaktion: Henrike Schechter
Layout: independent Medier-Design, Horst Moser, München
Herstellung: Renate Hutt
Satz: Ute Fründt, München
Repro: medienprinzen GmbH, München
Druck und Bindung: Firmengruppe APPL, Wemding

Fotos Sven Nieder: Seite 5, 6–7, 9, 12, 14, 16–17, 30, 34, 38, 42, 50, 58, 52, 66, 70, 74, 78, 82, 94, 98, 107
www.sven-nieder.de

Bildnachweis weitere Fotos:
Corbis: Seite 46; Fotolia: Cover, Seite 22; Getty: Cover, Seite 54; Jupiter Images: Seite 26; Laif: Seite 18, 86; Oona Soleil Leibundgut: Seite 103; living4media: Seite 90

ISBN 978-3-8338-2721-1
3. Auflage 2014

Die GU-Homepage finden Sie unter www.gu.de

Umwelthinweis: Dieses Buch ist auf PEFC-zertifiziertem Papier aus nachhaltiger Waldwirtschaft gedruckt.

 www.facebook.com/gu.verlag

DIE GU-QUALITÄTS-GARANTIE

Liebe Leserin, lieber Leser,
wir möchten Ihnen mit den Informationen und Anregungen in diesem Buch das Leben erleichtern und Sie inspirieren, Neues auszuprobieren. Alle Informationen werden von unseren Autoren gewissenhaft erstellt und von unseren Redakteuren sorgfältig ausgewählt und mehrfach geprüft. Deshalb bieten wir Ihnen eine 100%ige Qualitätsgarantie. Sollten wir mit diesem Buch Ihre Erwartungen nicht erfüllen, lassen Sie es uns bitte wissen. Sie erhalten von uns kostenlos einen Ratgeber zum gleichen oder ähnlichen Thema. Wir freuen uns auf Ihre Rückmeldung, auf Lob, Kritik und Anregungen, damit wir für Sie immer besser werden können.

GRÄFE UND UNZER Verlag
Leserservice
Postfach 86 03 13
81630 München
E-Mail:
leserservice@graefe-und-unzer.de

Telefon: 00800 / 72 37 33 33*
Telefax: 00800 / 50 12 05 44*
Mo–Do: 8.00–18.00 Uhr
Fr: 8.00–16.00 Uhr
(* gebührenfrei in D, A, CH)

Ihr GRÄFE UND UNZER Verlag
Der erste Ratgeberverlag – seit 1722.

Ein Unternehmen der
GANSKE VERLAGSGRUPPE